Villalba
Una historia ilustrada

RIGOBERTO RODRÍGUEZ ROCHE, PH.D.

RIGOBERTO RODRIGUEZ ROCHE, PH.D.

Villalba
Una historia ilustrada

RIGOBERTO RODRIGUEZ ROCHE, PH.D.

EDITADO POR LA
FUNDACIÓN WALTER MᶜK JONES
EN COORDINACIÓN CON EL
MUNICIPIO AUTÓNOMO DE VILLALBA

ISBN: 9798483631446

La presente es una obra publicada por la Fundación Walter M^cK Jones, Inc. para el Municipio Autónomo de Villalba.

DEDICATORIA

A AQUELLOS QUE HAN AYUDADO A PRESERVAR NUESTRA HISTORIA Y A QUIENES HAN COMPRENDIDO QUE UN PUEBLO SIN CULTURA NO ES MÁS QUE UN BARCO A LA DERIVA.

RIGOBERTO RODRIGUEZ ROCHE, PH.D.

HON. LUIS JAVIER HERNÁNDEZ ORTIZ
ALCALDE

RIGOBERTO RODRIGUEZ ROCHE, PH.D.

Mensaje del Honorable
Luis Javier Hernández Ortiz
Alcalde de la Ciudad Avancina de Villalba

Cada generación tiene la responsabilidad de responder ante la historia por sus logros y sus fracasos, por sus obras y sus omisiones, por su legado. Como alcalde de la ciudad avancina de Villalba, me honra legar a ustedes este proyecto.

Villalba, una historia ilustrada es seguramente el proyecto más importante, en cuanto a contenido histórico, escrito hasta el día de hoy con respecto a nuestra ciudad. Es el resultado natural del estudio sistemático y minucioso de nuestra historia en tiempos en que las nuevas tecnologías permiten revisitar el pasado y escudriñarlo con mejores herramientas que permiten mayor precisión.

Trabajos anteriores, como *A orillas del río Jacaguas*, de don Carmelo Rosario-Natal, e *Historia de Villalba*, de don Doel López Velázquez, abrieron paso en el camino que nos condujo a este proyecto que legamos a los villalbeños y villalbeñas en el día de hoy. Rindo homenaje a sus autores y al trabajo realizado en tiempos en que el acceso a la información era limitado. Aun así, sirvieron como cimiento a esta nueva obra, que no solo recopila los sucesos de nuestra historia, sino que los presenta desde nuevas y más amplias perspectivas.

Agradezco de igual forma la pasión por la historia del Dr. Rigoberto Rodríguez Roche y los miembros y voluntarios de la Fundación Walter M^cK Jones, a quienes les fue encomendada la tarea de plasmar en papel y tinta lo que hemos sido, con el rigor de la investigación académica. Hacer un recuento histórico no es tarea fácil. Resumir los sucesos y seleccionar aquellos que nos marcaron de forma particular, es una inmensa responsabilidad que trae consigo sus propios retos. Este trabajo que hoy nos presentan está a la altura de lo que la historia requiere de aquellos que la cuentan.

Durante más de un siglo, los villalbeños hemos ayudado a escribir importantes páginas de la historia nacional puertorriqueña. Hemos sabido responder a los retos de cada tiempo. Seguimos haciéndolo, con mayor convicción que nunca; con el convencimiento de que tenemos mucho que aportar aún. Este libro no solo cuenta nuestra historia, lo que hemos hecho y lo que hemos sido, sino que es una reafirmación de lo que podemos ser y hacer.

Hoy me enorgullece decir que he cumplido con la responsabilidad de mi generación de hacer saber al mundo cómo hemos llegado a ser lo que somos y cómo somos capaces de enfrentar el porvenir. ¡Somos avancinos! Esta es nuestra historia y estamos orgullosos de contarla tal como ha sucedido, de la misma forma en que estamos listos para seguir escribiendo nuevas páginas de cara al porvenir de Villalba y de Puerto Rico.

Luís Javier Hernández Ortiz

Unas palabras del autor

Dicen que la historia es un incesante volver a empezar. Probablemente esa es la frase que mejor describe este trabajo. No solo por su estructura, sino por el constante redescubrimiento de nosotros mismos que provoca la revisión de la historia. Es un incesante volver a empezar.

Aceptamos el reto de este proyecto, conscientes de la gran responsabilidad que acarreaba. Adentrarse en lo que ha sucedido a lo largo de las décadas y los siglos, es un desafío en sí mismo. La historia no necesariamente fue como nos la contaron, dice un viejo adagio. Tal fue el proceso que dio como resultado el libro que hoy compartimos. Aún con todas las restricciones provocadas por la pandemia, fuimos capaces de escudriñar y desandar nuestros propios pasos con el objetivo de un producto final honesto, transparente en su contenido y también en su intención.

Gracias a las nuevas herramientas de la información, las fuentes que sustentan este relato son de primera categoría. Es posible que el lector encuentre información que contraste con convencimientos o creencias generalizadas y basadas más en la tradición oral que en las fuentes originales. Por eso le pido a quien se inserte en estas páginas, leerlas con el crisol de quien quiere descubrir y no tanto rememorar.

La historia villalbeña es fascinante. En nuestro pequeño pedazo de Patria se han escrito importantes páginas de la historia nacional. Igual de importantes son nuestras páginas internas; esa historia que nos hace pueblo y no un simple grupo de gente aglomerada. Estas páginas cuentan ambos elementos de nuestra historia de una forma sencilla; son un acopio de lo que somos, pues en realidad somos el resultado de todo cuanto hemos sido en el pasado.

Precisamente por ello me apasiona tanto la historia. Porque se presenta como un gran espejo en el cual se ve reflejado el pasado, pero así mismo es oráculo que avisa sobre el futuro. Aquellos que simplemente ansían el poder toman sus errores del pasado, los amontonan y les llaman destino. Aquellos que ansían dejar un legado, toman sus aciertos y le llaman porvenir. Ambos caminos tienen un mismo principio. El final dependerá de si somos capaces de aprender tanto de unos como de otros. Es mi deseo más profundo que este libro sirva para que lo que refleje hacia el futuro nos llene de tanto orgullo como lo que estas páginas han contado.

Reciba el lector este trabajo con la misma ilusión con que su autor lo ha concebido. Redescúbrase en nuestra historia y sienta el orgullo de lo que somos: villalbeños y avancinos.

Rigoberto Rodríguez Roche, Ph.D.

CONTENIDO

RIGOBERTO RODRIGUEZ ROCHE, PH.D.

Agradecimientos

Al Hon. Luis Javier Hernández Ortiz, alcalde de la ciudad avancina de Villalba, por demostrar el valor de la palabra empeñada y depositar plena confianza en este proyecto. A la Lcda. Marena Navarro.

A la Junta de Directores, miembros y voluntarios de la Fundación Walter M^{c}K Jones, por su pasión por la historia.

Al personal del Archivo General de Puerto Rico, la Legislatura Municipal de Villalba y la Biblioteca Legislativa de la Oficina de Servicios Legislativos de Puerto Rico.

A los villalbeños y villalbeñas que, sin ánimo de reconocimiento, compartieron sus pedacitos de historia con nosotros para poder trazar la línea del tiempo de nuestro pueblo avancino.

A Daniel Santos, Domitilo Negrón García, Jossean Santiago, Javier González Rosado, Héctor (Cuco) Burgos, José Luis Rivera (Chele), José Juan Flores Falcón, Miguel Ángel Pérez Colón, Miguel A. Rodríguez Martínez, Orland Gómez, Keyla Torres Santos, Junior Anguita, Samuel (Chame) Cotto, Tamara Rivera Martínez, Irwin W. Rosado Green, Jaime Rodríguez, Olmiraida Rodríguez, José Ortiz (Fundación Sila M. Calderón), Melvin Vázquez Roche, Reinaldo Torres Albertorio, Eric (Conejo) Rosario, Glen Rodríguez, Marie Roche Rivera, José Alberto Alvarado Roche, Alberto Miranda, Luis Miguel Torres Rivera, Pablo Marrero, Ana Margarita Feliciano, Adita Torres Berríos, José Ramón Olivieri y Hexor Guzmán por haber dado un paso adicional para hacer de esta narración una más completa.

A Tamara Rivera Martínez, José Juan Flores Falcón, Héctor (Cuco) Burgos y José Luis Rivera (Chele), de manera especial, por participar activamente en el proceso de corrección que dio como resultado este producto.

Antes de comenzar

Conocer la estructura de este trabajo resulta importante para su comprensión.

Las páginas que siguen son un recuento, un resumen de nuestra experiencia colectiva. Lo hemos hecho con la intención de obtener un producto final digno de nuestra trayectoria, pero eficaz en su lectura y comprensión. Por ello, hemos evitado en lo posible editorializar los eventos, para que sea el lector quien les otorgue el valor y significado que les corresponda. Tampoco nos hemos detenido en detalles superfluos.

Como apreciará el lector, este acopio de nuestra historia está dividido en etapas. Con excepción del primer y el último capítulo, encapsulamos los sucesos en sus respectivas décadas. Lo hicimos para brindarle al trabajo una narrativa fluida, con sentido de tiempo y espacio. En cada una de estas etapas se narran sucesos de interés general, dentro de una serie de subtemas tales como información sociodemográfica, economía, deportes, eventos puntuales y liderato, entre otros. Con respecto a este último tema, nos autolimitamos a mencionar aquellos funcionarios electos (y alguno que otro designado), con el propósito de establecer un criterio menos amplio a la hora de hacer mención de los hombres y mujeres que formaron parte del liderato de cada etapa.

En ocasiones, la narración se hace acompañar de segmentos que narran o resumen un evento específico o la participación de personas que aportaron de manera particular y extraordinaria a la época en que vivieron. De igual forma, hemos intentado incluir la mayor cantidad posible de imágenes: fotografías, mapas, tablas y demás. En ocasiones, una sola imagen es capaz de contar mejor una historia que mil palabras.

Por último, cada uno de los eventos narrados a continuación tiene una fuente o referencia respetada que respalda su autenticidad. No hallará el lector en este libro ningún evento o historia basados en el *vox populi* o la narrativa popular. Preferimos someternos a la rigurosidad de la investigación académica, con el fin de legar un trabajo digno de llamarse un libro de historia.

Una vez culminado el proceso de investigación académica, el resultado preliminar fue presentado al gestor del proyecto: la Administración Municipal. Esta fase no tenía como propósito la aprobación o desaprobación del contenido. Mucho menos someter el libro a un proceso de censura previa. Ni era la intención del autor, ni lo era tampoco de la Administración Municipal. De hecho, la Administración Municipal dio muestras constantes de respeto al trabajo del autor. Pero, siendo ésta la gestora de un proyecto tan importante, era imprescindible el conocimiento previo de su contenido y el visto bueno del producto final.

La Administración Municipal, entonces, se dio a la tarea de analizar el contenido y someter al autor aquellas sugerencias que a bien entendiera pudieran mejorar el libro. Ninguna de ellas de fondo. También se sometió al crisol de un grupo de colaboradores, con el propósito de asegurarnos de que legamos al pueblo un trabajo digno, adecuado y eficaz. Acogidas las sugerencias, se procedió entonces a la revisión final, que dio como resultado el libro que hoy tienes en tus manos.

Ahora que conoces cómo fue estructurado este trabajo, es nuestro deseo que sirva para que las presentes y futuras generaciones conozcan de dónde venimos, quiénes somos y hacia dónde nos dirigimos como pueblo. Al fin y al cabo, somos de los que construyen su propio destino. Al fin y al cabo, somos avancinos.

CAPÍTULO **1**
EL CAMINO PREVIO

Resumen

Villalba se convirtió en municipio en 1917. Pero nuestra historia no comenzó allí. Comenzó siglos antes.

El presente capítulo aborda la historia villalbeña, desde la época precolombina hasta la fecha en que se aprueba la ley número 42, de 12 de abril de 1917.

De acuerdo con la evidencia antropológica, existieron asentamientos taínos en el territorio donde hoy ubica el municipio de Villalba. Aún quedan testigos silentes de la presencia aborigen en nuestro suelo. Por ejemplo, los petroglifos en diversas cuevas, así como artefactos de la vida cotidiana de los taínos.

Con el pasar de los siglos, las tierras se convierten en hatos para la crianza de ganado y posteriormente de siembra de caña, café y frutos menores. Lo que se había convertido en un sector ganadero de Ponce, pasó eventualmente a ser un barrio de Juana Díaz en las primeras décadas del siglo XIX. Villalba comenzó a progresar hasta convertirse en un próspero poblado.

A finales del siglo XIX Villalba se convierte en aldea, gracias a las aportaciones de la familia Figueroa y su patriarca, Don José Ramón Figueroa. El próximo paso sería convertir la aldea en municipio, lo que ocurre en los primeros años del siglo XX gracias a las gestiones de Walter M^cK Jones y José Víctor Figueroa Reyes.

¿Cómo fue el camino recorrido hasta entonces? ¿Por qué el nombre de Villalba? ¿Cómo surge lo de avancinos? Las respuestas a estas y otras interrogantes se encuentran a continuación.

Era precolombina

Nuestra historia se remonta a tiempos ancestrales. El pueblo taíno procedía de Suramérica y llegó a Puerto Rico a través de una serie de migraciones que hicieron del Caribe su nueva casa. De acuerdo con diversos estudios antropológicos existían asentamientos taínos a lo largo de la ribera del río Jacaguas.

Según Sued Badillo[1], el primer cacicazgo como formación histórica se encontraba en el sur de Puerto Rico. Su centro geográfico eran los llanos de Ponce, siendo el río Jacaguas el cuerpo de agua que servía como ruta de asentamiento desde la montaña. Este río nace en la zona montañosa de Villalba[2].

La evidencia de presencia aborigen en territorio villalbeño es indiscutible. No solo por las referencias históricas, sino porque los taínos dejaron sus huellas grabadas en diversas cuevas a lo largo del área montañosa. Por ejemplo, en el área que hoy día ocupa el barrio Caonillas Abajo, los sacerdotes taínos llevaban a cabo ceremonias o ritos religiosos dirigidos a procurar la supervivencia de las aldeas[3]. De acuerdo con los estudios realizados a los petroglifos encontrados en cuevas tales como la Cueva de los Guabás y la Cueva de Atabeira[4], los taínos capturaban en sus representaciones pictóricas sus preocupaciones por la caza, la pesca, la vida, la muerte, entre otros temas[5].

Representación pictórica de petroglifo hallado en la Cueva de los Guabás, en el Bo. Caonillas Abajo.

Fuente: Luis Rodríguez García en Rosario, 1996

---

[1] En *5to Centenario de la rebelión taína* (2011); pág. 35
[2] DRNA
[3] Rodríguez Gracia, citado por Rosario, págs. 19-23
[4] Ambas localizadas en el Bo. Caonillas Abajo
[5] Alegría (1984) establece: "En algunas ocasiones usaban las cuevas para celebrar ceremonias religiosas y en las paredes pintaban y tallaban figuras de los dioses"

Representación pictórica de petroglifo hallado en la Cueva Atabeira, en el barrio Caonillas Abajo.

Fuente: Luis Rodríguez García en Rosario, 1996

Los petroglifos encontrados en las cuevas de la altura villalbeña concuerdan en su descripción con las características generales de la cultura taína, principalmente por sus elementos circulares y lineales[6]. También por su ubicación, siendo las cuevas un elemento unificador en el estudio del arte rupestre taíno[7].

También el enterramiento secundario hallado en un nicho en el mismo sector es prueba de lo expuesto. Junto con los restos humanos se encontró un cemí, representación de la divinidad en forma de trigonolito[8]. El uso de las cuevas para la celebración de ritos religiosos está ampliamente documentada, así como la costumbre taína de dejar plasmada su presencia y creencias a través de las representaciones pictográficas[9].

Pero no tan solo hubo presencia nativa en las montañas y sus cuevas. También en los valles, principalmente en las cercanías del Jacaguas. En diversos momentos del siglo XX se dio cuenta del hallazgo de elementos incuestionablemente aborígenes en lugares tan variados como el sector Tierra Santa o las cercanías del casco urbano[10]. Sin embargo, el valor histórico y cultural de estos no fue suficientemente comprendido en su momento. Sus rastros se perdieron para siempre.

Tras la conquista europea, la población nativa resultó prácticamente aniquilada.

---

[6] Del Olmo, 2018
[7] Muñoz-Pando, s.f.
[8] Rosario, 1996
[9] Alegría, 1984
[10] Rosario, 1996

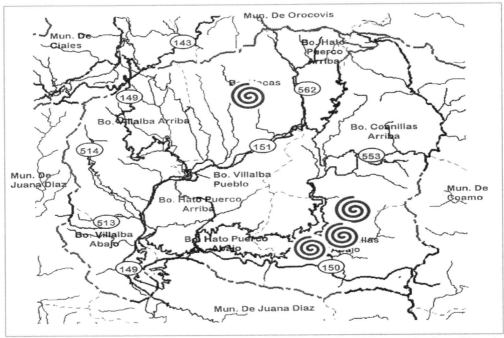

Mapa arqueológico que muestra los lugares en los que ha sido encontrada evidencia de la presencia taína en Villalba, particularmente en Caonillas Abajo y Vacas

▼ Dujo taíno, hecho de madera de Guayacán, encontrado en la Cueva El Callo en Villalba por Moisés Negrón y exhibido actualmente en el Centro Ceremonial Indígena de Tibes.

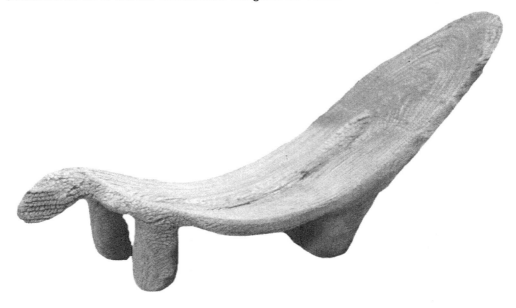

30

Asentamiento europeo en el Jacaguas

Diezmada la población nativa, el río Jacaguas continuó siendo punto clave de referencia para los habitantes de la isla. Durante el siglo XVI este cuerpo de agua era la línea que marcaba la división territorial entre lo que entonces se conocía como el partido de Puerto Rico (o partido de San Juan) y el partido de San Germán. Para esta época estos eran los únicos términos del mapa geopolítico de la isla. Sin lugar a dudas este río nacido en la montaña villalbeña representaba en los primeros siglos de la época colonial un importante punto de referencia. Tanto así lo es para los villalbeños que si nos ubicamos hoy en el casco urbano estaríamos en lo que en 1580 era San Germán, pero basta con cruzar el río para estar en lo que entonces era San Juan o partido de Puerto Rico.

Un documento fechado en 1582 conocido como *Memoria de Melgarejo*[11] da cuenta del asentamiento de un grupo de españoles en las riberas del río Jacaguas. El documento es más específico con respecto a la ubicación al señalar que se encontraban ubicados lejos de la mar. Esta es la primera referencia escrita que se tiene sobre aquellos primeros pobladores que habrían de dejar una marca permanente en el futuro municipio. Más tarde, el ordenamiento geopolítico de la isla cambió para establecer nuevos ayuntamientos y centros de poder. Al este del Jacaguas se habría de establecer la villa de San Blas de Illescas, Coamo, y posteriormente, en 1692, Ponce.

Desde la época en que fue escrita la *Memoria de Melgarejo* y hasta más de un siglo después, el área geográfica correspondiente a las cercanías del Jacaguas fueron destinadas mayormente a la crianza de ganado. A su vez, el territorio fue dividido en cotos, hatos y criaderos. Entre los hatos, el Hato de Villalba.

Villalba, sector de Ponce

En 1913, el Dr. Eduardo Neumann escribe: "puede decirse que Ponce se inició a las orillas del Jacaguas"[12]. A finales del siglo XVIII y principios del siglo XIX existían en Ponce nueve extensiones de terreno conocidos como hatos, destinados principalmente a la crianza de ganado. Uno de estos llevaba por nombre Hato de Villalba[13]. Al publicar su historia sobre Ponce, Neumann provee la primera referencia conocida sobre la existencia de un lugar llamado

---

[11] Memoria y descripción de la isla de Puerto Rico, encomendada al gobernador Juan de Melgarejo por el Rey Felipe II.
[12] Neumann (1913). *Verdadera y auténtica historia de la ciudad de Ponce.*
[13] Idem

Origen del nombre

Durante años se ha debatido la razón por la que llevamos por nombre Villalba. Primero, desmontemos algunos mitos. Villalba no lleva este nombre por la visita de un Duque de Alba. Tampoco se debe a la romantización de las palabras villa y alba, en referencia al amanecer.

En tercer lugar, no se debe a la procedencia de la familia Figueroa, fundadores de la aldea predecesora del municipio. Ya llevábamos nuestro nombre cien años antes de establecerse la familia Figueroa en nuestro suelo.

Villalba debe su nombre a los pobladores europeos asentados en las riberas del río Jacaguas durante los siglos XVI y XVII. Las tierras y posteriores fincas fueron conocidas por el apellido de sus poseedores (apellido de carácter toponímico).

Villalba hace más de doscientos años. Unidas las piezas brindadas por las referencias históricas concluimos que el nombre de nuestro pueblo proviene de aquellos primeros pobladores europeos a los que hace referencia la *Memoria de Melgarejo*. O bien se trataba del apellido de los pobladores o bien de la procedencia de estos. En España existe por lo menos una decena de poblaciones con este nombre y en todo caso el apellido Villalba es toponímico, lo que significa que tiene su origen en el lugar de donde proviene el linaje.

El Hato de Villalba era para los siglos XVII y XVIII una enorme extensión de terreno dedicada principalmente a la crianza de ganado[14]. Con el transcurso del tiempo su población fue creciendo y diversificándose su economía.

Lo que en un principio era una vasta extensión de tierras dedicadas exclusivamente a la crianza de ganado, pasó a ser un conjunto de fincas que, además de lo primero, cosechaban caña, tabaco y frutos menores[15].

Como resultado de la diversificación económica, la población del lugar también fue creciendo. Mientras más lo hacía, mayor era la necesidad de gestionar la cotidianidad. Dada la realidad geográfica de entonces, Ponce no era lo suficientemente cercano. Pero había alternativa.

[14] Los eventuales barrios que componen el pueblo testimonian incluso el tipo de crianza que se daba. Por ejemplo, Hato Puerco y Vacas.
[15] Rosario, 1996

Barrio de Juana Díaz

A finales del siglo XVIII se estableció la municipalidad de Juana Díaz. Los predios de terreno que separaban de Ponce a la Villa de San Blas fueron segregados en 1798. Villalba, sin embargo, aun pertenecía a Ponce.

No fue sino hasta la intervención de Juan Alejo de Arizmendi, primer obispo puertorriqueño, que se dio inicio al proceso mediante el cual Villalba pasó a formar parte del recién fundado pueblo. En 1813, los vecinos de Villalba le expusieron al obispo su interés de formar parte de la jurisdicción de Juana Díaz[16].

El obispo acogió la petición y se hizo eco de la misma ante las autoridades de la época. Sin embargo, murió un año después, razón más que probable para que la aspiración de los habitantes de Villalba tardara una década más.

El 10 de marzo de 1823, una comisión conjunta de los municipios de Ponce y Juana Díaz se encargó de llevar a efecto la segregación y anexión[17]. En el padrón nominal de los vecinos de Juana Díaz para efectos contributivos (llevado a efecto en 1825), los principales contribuyentes del barrio Villalba eran los siguientes:

Nombre	Contribución en pesos y maravedíes[18]
Juan Colón Luyando	40
Feliciano Ortado	35
Francisco de Torres	22
Gregorio Cintrón	18
Andrés de Torres	14
Antonio Negrón	10,6
Juan Feliciano	10,4

Dos décadas después, los límites territoriales dentro de la jurisdicción juanadina estaban más claros. Entre sus barrios se encontraban los que ciento cincuenta años después continúan siendo: Caonillas Arriba, Caonillas Abajo, Hato Puerco Arriba, Hato Puerco Abajo, así como los barrios de Villalba Arriba y Villalba Abajo. Para el año 1855 aparece el barrio Vacas.

De acuerdo con Úbeda[19], para el año 1878 la situación poblacional en estos barrios de Juana Díaz era la siguiente:

---

[16] Rosario Natal, 1996, Pág. 43
[17] Archivo General de Puerto Rico
[18] El maravedí era una antigua moneda española, utilizada entre los siglos XII y XIX
[19] 1878

Barrio	Casas	Bohíos	Familias
Caonillas Arriba	26	167	206
Caonillas Abajo	15	160	186
Villalba Arriba	10	254	259
Villalba Abajo	15	120	134
Hato Puerco Arriba	17	120	148
Hato Puerco Abajo	15	98	113
Vacas	11	168	178
Total	109	1,087	1,224

Existían para entonces en Caonillas Arriba tres pulperías, otras tres en Villalba Arriba, una en Hato Puerco Abajo, una en Vacas y cuatro en Hato Puerco Arriba. Con relación a los ventorrillos, había dos en Caonillas Arriba, seis en Villalba Abajo, cinco en Hato Puerco Abajo, tres en Vacas, otros tres en Hato Puerco Arriba y cuatro en Caonillas Abajo. Se hace notar la existencia de una mercería[20] en el barrio Vacas.

Para el año 1884[21] había en lo que hoy conocemos como Villalba un total de 1,375 viviendas, divididas según se detalla a continuación:

Vacas	225
Hato Puerco Arriba	200
Hato Puerco Abajo	125
Villalba Arriba	200
Villalba Abajo	150
Caonillas Arriba	250
Caonillas Abajo	225

En poco más de un lustro la cantidad de viviendas y de población había aumentado en un seis por ciento, lo que nos da a entender que fueron años de algún tipo de desarrollo económico. Con respecto a los oficios, solo se destaca uno: el oficio de jornalero[22].

José Ramón Figueroa

En menos de un siglo, el Hato de Villalba había pasado a ser de una serie de terrenos dedicados a la crianza de ganado a un conjunto prometedor de elementos sociales y comunitarios. Ya no solo existía una industria ganadera,

---

[20] Establecimiento en el que se venden productos de costura
[21] Cuerpo del Estado Mayor del Ejército, Comisión Topográfica de 1884: Croquis y datos estadísticos del pueblo de Juana Díaz
[22] La historia de los jornaleros destaca las condiciones de explotación y servilismo mediante la cual los grandes hacendados condenaban al jíbaro a una vida de esclavitud.

34

sino que la agricultura había pasado a ocupar un lugar prominente. Se cultivaba café, caña, tabaco, maíz, habichuelas, arroz, plátanos, entre otros[23]. Había comercio y también una población creciente durante décadas. Posiblemente atraído por el potencial del lugar, durante la segunda mitad del siglo XIX se estableció en el área la familia que habría de marcar nuestra historia: la familia Figueroa.

José Ramón Figueroa se había trasladado al barrio Toro Negro de Ciales cerca del año 1873[24]. Era oriundo de Comerío, donde habría contraído nupcias con doña Leonarda del Carmen Reyes, quien había heredado la finca Vega Redonda, cuyo rendimiento permitió el posterior traslado a esta parte de la isla[25]. Juntos construyeron un imperio económico que no se limitaba a lo alto de los barrios de Ciales, sino que se distribuía hacia los valles de lo que entonces eran los barrios altos de Juana Díaz.

A principios de la última década del siglo XIX el poderío económico, político y social de la familia Figueroa era incuestionable. Eran dueños de miles de cuerdas de terreno dedicadas a la siembra de café, frutos menores, pastos y otros fines. Las principales haciendas eran conocidas como El Recodo y Constancia. Esta última era el centro de la actividad económica de la familia.

Con el propósito de establecer el centro de sus negocios en un lugar más accesible, Figueroa mandó a construir una espléndida residencia en Villalba. Las referencias disponibles apuntan a que era una mansión con todos los lujos y adelantos que la época podía permitir. Antonio Martínez lo describe así:

> Alcobas dormitorios con ventiladores y camas lujosamente vestidas; inodoros, agua para el servicio personal traída por cañería de un gran depósito. Dos comedores amplios, una despensa que es un colmado y una cocina de vapor que parece un espejo...

De su parte, Muñoz Rivera narra en *La Democracia*[26] que la morada de Figueroa era espléndida, de dos pisos, rodeada por una amplia verja, con balcones al norte, este y sur y que se rodeaba de las comodidades más modernas que su fortuna le podía proporcionar: mobiliario elegante, despensa nutrida, cuadras, huertas, coches, baños, timbres eléctricos, aparatos para refrescar la atmósfera, entre muchos otros lujos. Entre estos, uno que venía rompiendo fuerte y que estaba cambiando al mundo: la luz eléctrica.

---

[23] Cuerpo del Estado Mayor del Ejército, Comisión Topográfica de 1897
[24] Latimer, 1981
[25] Rosario, 1996
[26] 20 de abril de 1893

AVANCINOS

El término AVANCINO se refiere a progreso, avance y crecimiento.

En un periodo muy corto de tiempo Villalba experimentó los mayores avances de su época, cuando aún era un barrio de Juana Díaz: energía eléctrica, agua potable por cañerías, servicios sanitarios, teléfonos.

La prensa de la época acuñó una frase para expresar que algo o alguien progresaba: "avanza más que los de Villalba". Por ejemplo, la Democracia del 24 de noviembre de 1898 reporta: "LOS AMERICANOS SE VAN AMOLDANDO A NUESTRAS COSTUMBRES, PERO AVAN-ZAN MÁS QUE LOS DE VILLALBA"

La luz eléctrica

En 1893, el entonces barrio de Juana Díaz se convirtió en el primer lugar en Puerto Rico en conocer la energía eléctrica. Los relatos de la época señalan que por primera vez había de instalarse en Puerto Rico (la luz eléctrica) y que dicho honor no le correspondía a las grandes ciudades como San Juan, Ponce o Mayagüez. Le correspondía a Villalba. Muñoz Rivera narra el momento[27]:

A las seis de la tarde borbotaba el vapor en la máquina que engendra las corrientes; a las siete se encendían los focos, iluminando con vivas claridades los contornos. Era un espectáculo. En plena campiña el progreso con sus resplandores más brillantes. Los aparatos cuestan al señor Figueroa más de dos mil quinientos duros, pero nadie podrá discutirle la gloria de ser el primero que instala en este país el alumbrado por la electricidad[28].

Años más tarde, Figueroa adquirió varias fincas en la zona metropolitana. Una de ellas lleva hoy día por nombre barriada Figueroa, donde ubicaba la Finca El Reloj. Allí se encuentra hoy día la sede de la Autoridad de Energía Eléctrica.

La iglesia católica

Todos los adelantos obtenidos durante los últimos años del siglo XIX catapultaron a la pequeña población hacia nuevos horizontes. Pero faltaba un paso fundamental para el reconocimiento como poblado: la iglesia. También fue José Ramón Figueroa el arquitecto intelectual de la parroquia,

---

[27] Ídem
[28] *La Democracia*, 20 de abril de 1893

36

requisito indispensable para la aldea. En 1894, Figueroa invierte una fortuna en levantar una estructura, construida con maderas del país, de doce metros de frente y veinte metros de fondo. El techo, de hierro galvanizado, claveteada en toda su parte exterior y pintada al óleo. También se construyó un cementerio, tapiado con planchas de acero galvanizado, así como una casa parroquial.

Hizo consagrar la iglesia a la Virgen del Carmen, a pesar de que nuestra primera patrona lo fue la Inmaculada Concepción[29]. Donó la primera imagen de la patrona, la pila bautismal, dos campanas, las vestiduras sacerdotales, los objetos de culto y sacramentales.

La Real Orden autorizando la creación de la parroquia fue dada con el número 635 por la Reina Regente de España el 13 de octubre de 1895. Fue publicada en la Gaceta de Puerto Rico del 23 de noviembre, según se transcribe a continuación:

Por el Ministerio de Ultramar, bajo el número 635 y con fecha 13 del mes próximo pasado, se comunica al Excmo. Sr. Gobernador General la Real orden siguiente:

"Excmo. Sr.: Remitido a informe del Consejo de Estado en pleno el expediente sobre creación de una parroquia en el barrio de Villalba-arriba, término municipal de Juana Díaz, en esa isla, dicho alto cuerpo lo ha emitido en los términos siguientes: Excmo. Sr.: Con Real orden de 2 de Septiembre de 1895, sé remitió a informo del Consejo, el expediente sobre creación de una parroquia en el barrio de Villalba-arriba, término de Juana Díaz, Isla de Puerto-Rico. Comprenderá los grupos de población de Vacas, Caonilla-arriba, Villalba-abajo y Hato-puerco-arriba, que se hallan a nueve kilómetros de la parroquia actual y más de 7,407 habitantes se hallan privados de la asistencia espiritual, ya por la distancia de Juana Díaz, ya porque hay que pasar once veces un río. Los niños no pueden ser bautizados cuando debieran serlo y en la estación de las lluvias no pueden adelantar ni retroceder en dos días los que los llevan. Existe iglesia y hay quien costee la casa rectoral y el cementerio. Estas quejas de los vecinos produjeron los informes del Ayuntamiento de Juana Díaz y del Párroco de este pueblo, ambos favorables a la nueva parroquia. De igual parecer fue el Fiscal Eclesiástico y el Reverendo Obispo dio por terminado el expediente canónico. La Contaduría y la Intendencia recomendaron la creación de la nueva parroquia, como también la Diputación Provincial. El Negociado correspondiente y la Dirección de Gracia y Justicia en ese Ministerio, opinaron favorablemente a la instancia de los vecinos. Vistos los relacionados antecedentes. Considerando que los vecinos de Villalba-arriba y barrios adyacentes han probado sus afirmaciones respecto a la distancia en que se encuentran de la actual parroquia que es la de Juana Díaz, el mal

---

[29] *La Correspondencia de Puerto Rico*, 1896

estado de los caminos, la existencia de iglesia capaz y acomodada a las necesidades de la población y la imposibilidad en que se encuentran de concurrir a la mencionada parroquia la mayor parte del año. Considerando que el Real Patronato Eclesiástico de Indias está obligado a proveer a las necesidades espirituales de los fieles, a cambio de las prerrogativas inherentes al mismo Patronato reconocido por la Santa Sede. Considerando que ambos expedientes canónico y civil se han instruido con arreglo a las leyes y de ambos resulta la necesidad de constituir una nueva parroquia. El Consejo es de parecer que procede erigirla en Villalba-arriba, separándola de Juana Díaz y comprendiendo el barrio de aquel nombre y los adyacentes". Y conformándose con el preinserto, S. M. el Rey (q. D. g.) en su nombre la Reina Regente del Reino, se ha servido resolver como en el mismo se propone, siendo al propio tiempo la voluntad de S. M. se declare que los adyacentes que con el pueblo de Villalba-arriba han de constituir la parroquia de que se trata, son los de Villalba-abajo, Hato-puerco-arriba, Hato-puerco-abajo, Caunilla-arriba y Vacas. De Real orden lo digo a V. E. para su conocimiento y efectos consiguientes". Y puesto el complace por S. E. con fecha 12 del actual, de su orden, se publica en la Gaceta oficial para general conocimiento. Puerto-Rico, 14 de Noviembre de 1895. El Secretario del Gobierno General, Fernando Fragoso.

Así pues, la Reina Regente María Cristina de Habsburgo declara la orden dando vida a la nueva parroquia en el mes de octubre de 1895 y se hace oficial en el mes de noviembre de ese mismo año. De acuerdo con López y con Rosario[30], su primer párroco fue don Juan José Lebrón y Torres. Para 1896 Villalba celebraba las primeras fiestas patronales de las que se tiene conocimiento, celebradas en aquella ocasión en honor a la Virgen de la Purísima Concepción[31]. Al año siguiente se celebraron las fiestas patronales en honor a la Virgen del Carmen.

> La aldea Villalba prepara fiestas rumbosas para el día ocho de Diciembre en honor de la Purísima Concepción, Patrona de aquel vecindario.
> Ya han solicitado el oportuno permiso.

▲ Notificación en *La Democracia* del 11 de noviembre de 1896, anunciando la celebración de las primeras fiestas patronales de las que tenemos conocimiento, en honor a la Purísima Concepción. Un año después, en 1897, se celebraban las primeras fiestas en honor a la Virgen del Carmen.

---

[30] López (2007); Rosario (1996)
[31] Por error se ha señalado en algunas publicaciones que las primeras fiestas patronales se efectuaron en 1923. La evidencia documental señala que ya se celebraban fiestas en honor a la patrona desde los últimos años del siglo XIX.

◄ José Ramón Figueroa, cuya visión empresarial le convirtió en un poderoso hacendado a finales del siglo XIX y a quien la historia le reconoce haber sido la persona responsable de la primera energización con electricidad en Puerto Rico.

◄ Estructura original de la iglesia católica. Construida con maderas del país, tenía doce metros de frente y veinte metros de fondo. El techo, de hierro galvanizado, claveteada en toda su parte exterior y pintada al óleo. Foto publicada en *Puerto Rico Ilustrado*.

La aldea avancina

A finales de 1894, Figueroa había logrado ya los permisos del gobierno general para establecer la aldea[32]. Así lo informa *La Correspondencia de Puerto Rico* el 6 de diciembre de 1894. Dos días después, el 8 de diciembre, *La Democracia* se hace eco de la noticia:

> Se ha autorizado a don José Ramón Figueroa, vecino de Juana Díaz, para establecer una aldea en el barrio de Villalba, donde ya hay una iglesia, una escuela y un cuartel de la Guardia Civil.

El crecimiento, los avances y el desarrollo era incuestionable. Se presentaba Villalba ante el futuro de manera prometedora. Para 1895 se habían desarrollado ya los elementos fundamentales que permitirían convertir la aldea en municipio dos décadas después.

En términos de industria y comercio existían varias haciendas, principalmente dedicadas al cultivo del café, la caña, el tabaco y otros. La mayor parte de los hacendados eran provenientes o descendientes de corsos. La hacienda Limón era propiedad de don Félix Olivieri y tenía acuñada su propia moneda, por lo menos desde 1888. También tenía su moneda la hacienda Semil. Esto nos muestra un indicio claro de lo fructífera que era la industria agrícola durante los años previos a la fundación de la aldea.

En una carta dirigida a *La Correspondencia*, don Félix Olivieri expresa a finales de siglo que Villalba ya era un lugar próspero, con una industria sólida y vecinos comprometidos desde mucho antes de existir planes de convertir el barrio en aldea[33]. Además de la familia Olivieri, los Serrallés, los Negrón y otras familias habían desarrollado sus haciendas en el transcurso del siglo XIX y colaborado a crear las condiciones que dieron como resultado que Villalba fuera un lugar atractivo para la inversión y el desarrollo.

La iglesia evangélica

En 1905 se establecía en la aldea de Villalba la iglesia evangélica. Antes de eso, misioneros evangélicos habían realizado obra misionera en el entonces barrio de Juana Díaz. Habían establecido un orfanato y se habían dado a la tarea de alfabetizar a la población y brindar servicios médicos. En 1905 Julio

---

[32] Algunos autores identifican el año 1895 como la fecha en que se culminó la iglesia y se dio inicio a la aldea. Sin embargo, fue en diciembre de 1894, un año antes, que se había completado el proceso y autorizado el permiso para la constitución de la aldea. Ya para entonces existía la iglesia, una escuela, el cuartel de la guardia civil, varias casas de comercio, entre otros.

[33] Responde así Olivieri a un artículo "de propaganda" exaltando la figura de José Ramón Figueroa, a quien señala como usurero y especulador.

D. Ramu se hizo cargo de la obra evangélica en la población[34]. Se construye un templo en el sector urbano. Seis años después, en 1911, fundan un nuevo templo en el sector el Pino y también se establecieron en el sector Romero.

La iglesia evangélica inició su obra misionera en Villalba a finales del siglo XIX y principios del siglo XX. Estableció un orfanato, dirigió proyectos de alfabetización y estableció varios templos. En la foto a la izquierda, el templo evangélico original, en la calle Muñoz Rivera (foto cortesía de Agneris Guzmán). Arriba, la capilla del sector El Pino (circa 1911).

---

[34] López, 2007

El dia dos del corriente se constituyeron el Alcalde de Juana Diaz y el señor Cura Párroco en el Barrio de Villalba con el fin de determinar el sitio donde se ha de construir el templo cuya autorización ha solicitado el acaudalado propietario don José Ramón Figueroa del Iltmo. señor Vicario Capitular. Por fin quedó medido el espacio que ha de ocupar la Iglesia de la nueva aldea cuyo edificio no tardará en levantarse pues ya tiene el señor Figueroa acopiados los materiales suficientes proponiéndose gastar en esa obra unos cuantos miles de pesos. Hemos visto el plano por el que se desprende que reunirá las condiciones de belleza y capacidad necesarias.

Después se hará el cementerio y como ya tienen escuela, puesto de la Guardia Civil, luz eléctrica, acueducto, buenas casas de comercio y pronto tendrán los vecinos de este rico barrio la ventaja de comunicarse con Juana Diaz con una buena carretera, se formará un núcleo de población bastante importante que nunca tendrá mas pretensiones y fomentará en grande escala los intereses de la pequeña Aldea y de aquel pueblo en particular.

◄ Noticia publicada en *La Correspondencia* de 5 de mayo de 1894, en la que se reportan los avances de la aldea. Ya para esta fecha la iglesia estaba en proceso de construcción, así como había planes inmediatos para el cementerio civil. De acuerdo con la noticia, ya existía la escuela, el cuartel de la Guardia Civil, luz eléctrica (privada), acueducto (también privado) y comercios.

Hemos visto también que al barrio de Villalba se le ha concedido el derecho de parroquia independiente en donde podrán celebrarse los bautismos sin peligro de las **grandes crecientes de rios, á los niños y** sus conductores, dándose el caso muy frecuente de que no se admiten á recibir ese Sacramento á los que no se encuentren á las horas determinadas por el párroco de este pueblo en las puertas de la Iglesia, á menos que los representantes del bautizante abonen como multa seis reales que no se sabe á q. fondos se destinan, pero q. debemos suponer corresponderán al bolsillo particular del Cura de este pueblo.

La Aldea de Villalva bastante rica porque con los barrios que comprende tiene gran extensión, no podrá prosperar en lo relativo á su caserío, porque estando monopolizados los solares por un propietario que no consiente se fabrique porque se reserva hacer las casas con su peculio para después alquilarlas como le convenga, siempre encontrará dificultades en su desarrollo, puesto que además no brinda aquella localidad condiciones de poblado por ser un sitio desigual en su localización y por lo tanto sin las condiciones que se requieren para que el poblado aumente."

◄Noticia publicada en *La Correspondencia* de 27 de noviembre de 1895, en la que se denuncia la práctica de cobro de seis reales como multa a los que llegan tarde a la iglesia para celebrar los bautismos. Llama la atención que, como parte de la noticia, se concluye que la aldea no podrá progresar eventualmente en su población porque las tierras han sido monopolizadas por un rico propietario que construye con el propósito de especular con el precio de la vivienda.

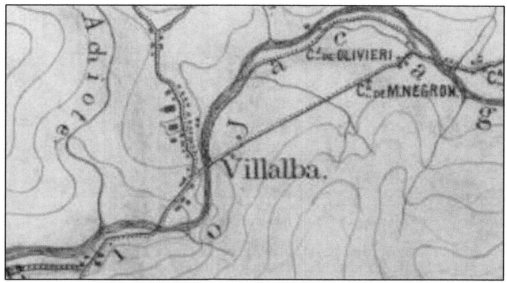

Mapa de Villalba, 1897. Fuente: Comisión Topográfica del Ejército

La llegada del "jíbaro americano"

Con el cambio de soberanía a raíz de la guerra hispano-cubana-estadounidense, Puerto Rico se convirtió en un mercado de interés para los inversionistas estadounidenses. Muchos llegaron con el propósito de explotar los limitados recursos, sobre todo en la industria de la caña, el tabaco y el café. Otros llegaron con la intención de colaborar al crecimiento socioeconómico del país. Tal fue el caso de Walter M[c]K Jones, quien pronto se convertiría en pieza fundamental para el proceso de convertir a Villalba en municipio.

M[c]K Jones provenía de una familia acomodada. Había estudiado con la elite estadounidense en Harvard y llegado a Puerto Rico en el segundo lustro de la primera década del siglo XX[35]. Se estableció en Ponce con el propósito de incursionar en la industria cafetalera y otras. Cerca de 1910 adquiere varias fincas en Villalba y se establece en una de ellas: el Limón. Desde allí dirige diversidad de negocios. Bautiza el principal en honor a la tierra de la que se ha enamorado: *Villa Alba Coffee Company*. Como empresa matriz, no solo se dedicaba al cultivo, procesamiento, venta y distribución de café, sino también de tabaco, cigarros, frutos menores y tantos otros. Se convierte en la primera y única empresa villalbeña de carácter internacional[36]

---

[35] Rodríguez Roche, 2019
[36] La *Villa Alba Coffee Company* tenía sucursales en Nueva York, México, Costa Rica y Guatemala

43

Foto más antigua que conocemos sobre Villalba (1910). Foto de William H. Armstrong. Biblioteca Digital Puertorriqueña, Universidad de Puerto Rico.

Incursiona en política y se une al Partido Unión de Luis Muñoz Rivera y Antonio R. Barceló. En 1910 pasa a formar parte del Consejo Municipal de Juana Díaz. A pesar de dirigir negocios a nivel internacional (la *Villa Alba Coffee Company* estaba representada en Puerto Rico, Nueva York, Costa Rica y México) centró gran parte de su atención a la problemática social, económica y política de Puerto Rico. Especialmente a la de Villalba, cuyos habitantes le acogieron y de los cuales se hizo parte.

M[c]K Jones hizo suya la aspiración de los aldeanos de convertir la aldea en municipio. Trabajó en ello, al tiempo que adquiría negocios tan solo para que la aldea cumpliera con el requisito mínimo de la autosuficiencia fiscal. Su compenetración con la cultura puertorriqueña fue tal, que popularmente era conocido como "el jíbaro americano". Además de la *Villa Alba Coffee Company*, adquirió otros negocios como una pulpería y una panadería. Hizo de El Limón un importante centro de reuniones políticas

MR. MAC JONES
En la mañana de hoy celebró una conferencia con el gobernador Yager Mr. Mac Jones, rico propietario de Juana Diaz quien está muy interesado en que el poblado de Villalba sea constituido en munieipio independiente para lo cual está pendiente de aprobación una ley

◄ Según el periódico *La Correspondencia*, M[c]K Jones se reunió con el gobernador Yager a principios de 1917 para dialogar sobre la constitución del Municipio de Villalba.

44

Walter M^cK Jones

Se establece en Ponce en la segunda mitad de la década. Posteriormente se traslada a Villalba, lugar en el que establece su hogar y su centro de negocios. Es aceptado en los círculos políticos de la época, convirtiéndose en 1917 en el primer alcalde de la municipalidad que ayudó a crear.

1917: la culminación de un sueño y el inicio de otro

Todo había tomado forma. Incluso un villalbeño había sido electo a la Cámara de Delegados, precursora de la Cámara de Representantes. José Víctor Figueroa Reyes fue electo en las elecciones de 1914 en representación del Partido Republicano. En varias ocasiones, Figueroa Reyes presentó proyectos a los fines de convertir a Villalba en municipio. En cambio, todos fracasaron porque la población no cumplía con los recursos fiscales para sostenerse a sí misma. El 1917, Figueroa Reyes insistió y presentó en la Cámara el proyecto de ley 71, para crear la municipalidad de Villalba.

Para lograr que Villalba fuera convertido en municipio era preciso primero que se cumpliera con una serie de requisitos, incluyendo capacidad fiscal. Consciente de que enfrentarían problemas en este sentido, M^cK Jones le solicita al Tesorero de Puerto Rico duplicar el cobro de las contribuciones que le corresponden, para así alcanzar la cantidad necesaria de recaudación fiscal[37].

---

[37] Actas de la Cámara de Representantes, 1944

En abril de 1917 M^cK Jones se reúne con el gobernador Arthur Yager para convencerle de aprobar la ley que convertiría a Villalba en municipalidad[38]. Ese mismo mes el gobernador aprueba la Ley número 42. Gracias a la gestión legislativa de José Víctor Figueroa Reyes y a la tenacidad de Walter M^cK Jones, nació en 1917 la municipalidad de Villalba.

Villalba en sus primeros años como municipio (Cortesía de José Juan Flores Falcón)

LEY NÚMERO 42, DE 12 DE ABRIL DE 1917
Para crear la Municipalidad de Villalba, Puerto Rico

Decrétese por la Asamblea Legislativa de Puerto Rico:

Sección 1: Que los barrios de Caonillas Abajo, Caonillas Arriba, Hato Puerco Abajo, Hato Puerco Arriba, Vacas, Villalba Abajo y Villalba Arriba, con sus respectivas demarcaciones, quedan por la presente segregados de la Municipalidad de Juana Díaz, P. R., pasando a constituir una municipalidad separada, la que se denominará "Municipalidad de Villalba, P.R.", con su capitalidad en el pueblo de Villalba, P.R.

---

[38] *La Correspondencia de Puerto Rico*, abril de 1917

Sección 2: Los habitantes de la Municipalidad de Villalba, P.R., por la presente quedan constituidos en un cuerpo político-social con sucesión perpetua; pudiendo usar su propio sello oficial, demandar y ser demandado, adquirir propiedades por compra o por donación o dádiva, mediante la acción judicial para el cobro de contribuciones, expropiación forzosa, o por cualesquiera otros medios con arreglo a derecho y con facultades como colectividad social para ejecutar todos aquellos actos de carácter general como fueren necesarios en el debido ejercicio de sus funciones comunales, conforme se establece en esta Ley.

Sección 3: La expresada Municipalidad de Villalba, P.R., estará gobernada por un consejo municipal y un alcalde, cada uno de los cuales desempeñará las funciones inherentes a sus respectivos cargos, ad honorem, y cuya elección tendrá lugar en la forma que más adelante se provee en la presente Ley. Dicho consejo municipal ejercerá las funciones de junta escolar.

Sección 4: En la próxima elección general municipal siguiente a la aprobación de esta Ley, y en cada una de las elecciones generales municipales sucesivas, de acuerdo con la legislación vigente, los electores competentes de la municipalidad elegirán tres personas para constituir el consejo municipal.

Sección 5: El consejo municipal de que se hace mención en la Sección anterior, dentro de treinta días después de su elección, procederá a elegir un alcalde para la municipalidad, el cual deberá reunir las aptitudes que dicho consejo determine, y transcurrido que fuere dicho plazo de treinta días, sin que se hubiere efectuado la elección, el Gobernador de Puerto Rico procederá a nombrarlo, con el consentimiento del Senado Insular; Disponiéndose que en caso de nombramiento de alcalde por el Gobernador, deberá recaer la designación entre los electores competentes de la municipalidad pertenecientes al partido que hubiere depositado el mayor número de votos en las últimas elecciones en los siete barrios que comprenden el Municipio de Villalba creado por la presente. El alcalde podrá ser destituido por el consejo municipal, por causas justificadas, pero de esta decisión, podrá apelar al Gobernador, cuya resolución será de carácter definitivo.

Sección 6: El alcalde será el funcionario ejecutivo de la municipalidad y se hallará revestido de todas las facultades y desempeñará las funciones que correspondan a los jueces de paz, de acuerdo con las disposiciones vigentes; actuará como tesorero municipal; quedará a su cargo el nombramiento de los siguientes empleados, quienes desempeñarán sus cargos por el tiempo que él mismo determine, y devengarán los salarios que él fije y quienes serán los únicos empleados del municipio. Las disposiciones de la vigente Ley Municipal relativas a la fianza que deberá ser prestada por el tesorero municipal y al pago del premio sobre la misma por la presente se hacen aplicables al Municipio de Villalba. Un secretario, cuyo sueldo no podrá exceder de cien dólares ($100) mensuales; un médico titular con un sueldo no mayor de noventa dólares ($90); un alguacil municipal, para cuidar de la propiedad municipal, con un sueldo no mayor de cuarenta dólares ($40) mensuales. El alcalde nombrará los comisarios de barrios, que ejercerán sus cargos sin remuneración alguna, y por el tiempo que aquél tenga por conveniente; Disponiéndose que el consejo municipal del nuevo municipio estará obligado a consignar en su presupuesto anual, para los primeros diez años económicos a partir de 1917-18, por lo menos veinticinco por ciento del total de sus ingresos para la construcción y reparación de caminos y otras mejoras públicas.

Sección 7: El secretario ejercerá las funciones correspondientes de secretario municipal, tendrá a su cargo la custodia de todos los libros, archivos, documentos y papeles de la municipalidad, pertenecientes al consejo municipal, así como las del juzgado de paz y de asuntos escolares; extenderá las actas de las sesiones del consejo, así como las del juzgado de paz y de todas las actas del alcalde, en asuntos escolares; tendrá a su cargo el registro civil y en general desempeñará cuantas otras funciones le exija el alcalde. En caso de muerte, destitución o dimisión del alcalde, el secretario hará las veces de alcalde, y ejercerá todos los poderes y desempeñará todos los deberes que competen al cargo, además de sus deberes como secretario, ínterin tome posesión un nuevo alcalde. En caso de ausencia temporal del alcalde fuera de la municipalidad, podrá designar a una persona de su elección para que le sustituya en sus funciones, durante su ausencia, y la fianza o fianzas que hubiere prestado el alcalde garantizarán las gestiones de su sustituto.

Sección 8: El médico titular asistirá y recetará a los pobres indigentes de la municipalidad; actuará de inspector sanitario y desempeñará cualesquiera otros deberes que actualmente o en lo sucesivo se prescribieren por ley para los médicos municipales, o que requiriere el Departamento de Sanidad.

Sección 9: el alguacil de la propiedad municipal tendrá a su cargo y bajo su vigilancia, el cementerio municipal; cuidará del alumbrado público de las calles; ejercerá de alguacil en el juzgado de paz; será el mensajero del alcalde y en general desempeñará todos aquellos deberes que le exijan el alcalde y el secretario.

Sección 10: Inmediatamente después de la aprobación de esta Ley, el Municipio y la Junta Escolar de Juana Díaz, P.R., harán entrega a la Municipalidad de Villalba, P.R., de toda la propiedad correspondiente a la Municipalidad de Villalba. El balance en caja en efectivo en la tesorería de la Junta Escolar de Juana Díaz en julio primero de 1917, será repartido entre la Junta Escolar de Juana Díaz y la Junta Escolar de Villalba, sobre la base del total de la valoración tasada de los dos municipios según ha sido revisada hasta diciembre 31, 1916. Todas las disputas y desavenencias en cuanto se refiere a demarcaciones y derechos de propiedad entre las partes mencionadas, serán sometidas al Gobernador de Puerto Rico, cuya decisión será definitiva.

Sección 11: El Gobernador de Puerto Rico, con y por el consentimiento del Consejo Ejecutivo, o su sucesor, nombrará tres electores competentes de la municipalidad, para constituir el primer consejo municipal, los cuales actuarán hasta tanto se verifique la elección de los miembros del consejo municipal y tomen posesión, en la forma que anteriormente se establece en la presente Ley. Los miembros del consejo municipal designados por el Gobernador, se organizarán inmediatamente, eligiendo un presidente, y procederán a la elección del alcalde, y si dejaren de elegir a éste después de transcurridos diez días de haber tomado posesión ellos, el Gobernador de Puerto Rico queda por la presente facultado para nombrar el alcalde, con carácter provisional, hasta ínterin el consejo municipal elija definitivamente a la persona que ha de ocupar dicho cargo de alcalde, cesando en este caso el nombrado por el Gobernador con carácter provisional.

Sección 12: El Gobernador queda por la presente autorizado para destituir o suspender sin paga, por justa causa, cualesquiera de los funcionarios del municipio.

Sección 13: La Municipalidad de Villalba, P.R., quedará incluida y formará parte del distrito municipal judicial de Juana Díaz, P.R.

Sección 14: Las disposiciones legales vigentes se aplicarán en toda su virtualidad y efecto a la Municipalidad de Villalba, P.R., salvo en lo que resulte localmente inaplicable a tenor de lo dispuesto en la presente Ley; Disponiéndose, que los ingresos y los balances en caja que en virtud de las disposiciones del Artículo 2 de la ley titulada "Ley para proveer ingresos adicionales para el Pueblo de Puerto Rico, para fijar el tipo de contribución general sobre la propiedad para los municipios, para disponer de los ingresos en el Tesoro Insular de determinados ingresos excedentes de los municipios, para enmendar el Código Político, para disponer la revisión e igualamiento de la actual tasación de la propiedad, y para otros fines", aprobada en abril 13, 1916, habrían sido asignados al Municipio de Juana Díaz, serán repartidos entre el Municipio de Villalba, según lo dispone esta Ley, y el Municipio de Juana Díaz, según está constituido después de la desanexión de los barrios que por la presente se dispone constituirán el Municipio de Villalba, sobre la base de la proporción del total de la valoración tasada de los dos Municipios, según ha sido revisada hasta diciembre 31, 1916; Y disponiéndose, además, que el tipo de la contribución escolar votada por el Consejo Municipal de Juana Díaz para el año económico 1917-18 estará en fuerza y vigor para el Municipio de Villalba durante el año económico siguiente.

Sección 15: El Municipio de Villalba formará parte del distrito judicial, para representantes y del distrito senatorial a que en la actualidad pertenece el Municipio de Juana Díaz.

Sección 16: Todas las leyes o parte de las mismas en desacuerdo con la presente Ley, quedarán por ésta derogadas. Sección 17: Esta Ley empezará a regir el 1ro de Julio de 1917.

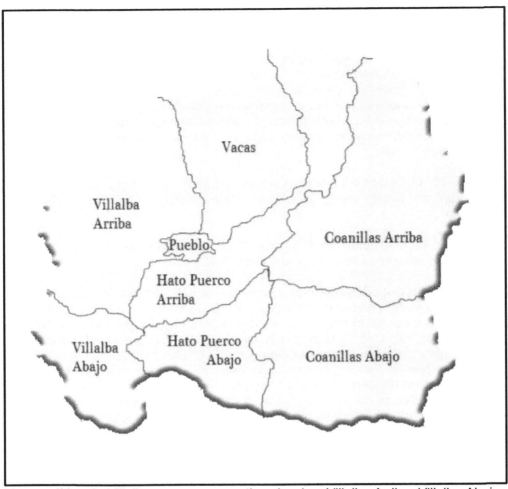

Mapa político de Villalba con sus respectivos barrios: Villalba Arriba, Villalba Abajo, Caonillas Arriba, Caonillas Abajo, Hato Puerco Arriba, Hato Puerco Abajo, Vacas y Pueblo.

Foto de William Armstrong. Biblioteca Digital Puertorriqueña, UPR

ALDEA.

Por el Gobierno General, según vemos en la *Gaceta* de hoy, se ha dispuesto acceder á una instancia de D. José Ramón Figueroa, vecino y propietario del barrio de Villalba arriba (Juana Díaz), solicitando el establecimiento de una aldea en el prédio rústico que el solicitante posee en dicho barrio.

De la memoria y plano que el Sr Figueroa acompañó á su instancia resulta que el sitio en que va á establecerse la aldea está formado por un espacio de terrenos comprendidos entre el rio Jacaguas y la quebrada *Achiote*, con a conveniente elevación aquéllos sobre las aguas de ambos. En el itedo lugar convergen los caminos de los barrios inmediatos y de los pueblos limítrofes, y existe una buena casa de dos pisos, del Sr Figueroa ; una Iglesia, de madera, con la techumbre de hierro galvanizado, pintada al óleo, y de capacidad suficiente para las necesidades del culto católico, á frente á la cual el propietario ha hecho otra casaque destina al Sacerdote que se encargue de aquella ; hay varias casas de comercio, un puesto de la Guardia Civil, una Escuela pública de varones, un puesto para el expendio de carne, y en el caserío vive un Médico particular.

El lugar en cuestión reune excelentes condiciones higiénicas y en él se propone el Sr Figueroa construir un acueducto y un cementerio.

El Gobierno General no só lo accede, como ya hemos dicho, á la solicitud del Sr Figueroa, sino que le manifiesta el agrado con que ha visto sus esfuerzos para llevar á cabo las obras realizadas en su finca.

◄ El 6 de diciembre de 1894, el alcalde de Juana Díaz fue informado por el Secretario del Gobierno General de Puerto Rico sobre la aprobación de la solicitud de José Ramón Figueroa de convertir a Villalba en aldea. El dictamen fue publicado en el Núm. 151 de la *Gaceta Oficial del Gobierno*, de 18 de diciembre de ese año.

De acuerdo con el parte, existía en el sitio "una buena casa de dos pisos, del Sr. Figueroa; una iglesia de madera, con la techumbre de hierro galvanizado, pintada al óleo...frente a la cual el propietario ha hecho una casa que destina al sacerdote...; varias casas de comercio; un puesto de la Guardia Civil; una escuela pública de varones; un puesto para el expendio de carnes; y que en el caserío vive un médico particular".

La *Villa Alba Coffee Company* fue la primera empresa villalbeña de carácter internacional. Comerciaba café, frutos menores y tabaco puertorriqueño en Nueva York, México, Costa Rica y Guatemala. Documento cortesía de Daniel Santos.

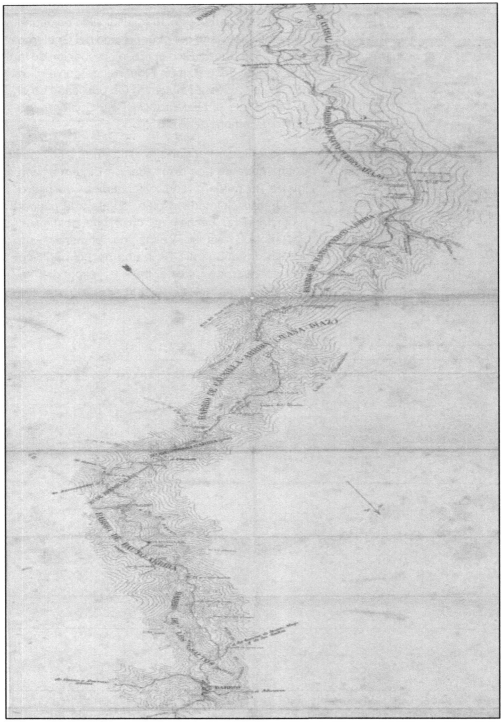

Mapa de Villalba en 1886, confeccionado por el Estado Mayor del Ejército Español.

Hacienda Limón

En el siglo XIX, la Hacienda Limón era un enclave cafetalero, en el que además se cultivaban frutos menores. Incluso poseía su propia moneda. Era propiedad de Félix Olivieri. Cerca de 1910 es adquirida por Walter M^cK Jones, lo que significó un evento fundamental para el desarrollo futuro de Villalba.

Carta de Walter M^cK Jones a su prometida Helen Buchanan, con el membrete de la Hacienda Limón. La carta está fechada en enero de 1916, año en que la pareja contrajo matrimonio.

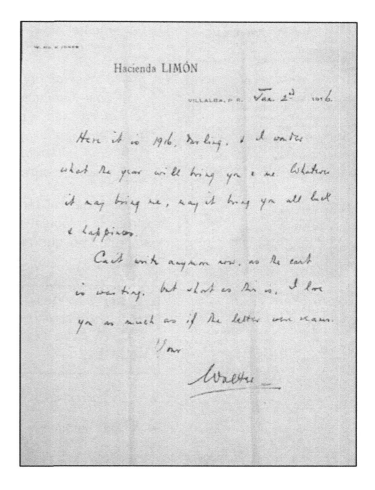

BURLAS Y VERAS

El Concejo municipal de San Juan y sus avances.

Los de Villalba.

CARTA DEL GOBERNADOR

El afán de invertir de cualquier modo, los fondos, es un mal signo.

Fama tienen —y no de ahora— los honorables habitantes de Villalba, por los cuales he sentido siempre una admiración profunda, de ser «avancinos» en demasía... y perdonen nuestros respetabilísimos críticos de última hora—honorables también—que empleamos esa palabreja de «avancinos» que no aparece en el léxico, en el genuino léxico castellano, estiradamente académico, expurgado ó sin expurgar por Antonio Valbuena....por il póver-Valbuena, gran cazador de gazapos míseros.

Pero dejemos á un lado digresiones innecesarias (todas las digresiones son innecesarias) y volvamos ó *ritornemos* al punto de partida.

A todo hay quien gane.

Y si los honorables —honorabilísimos casi— habitantes de Villalba gozan, con justificada razón, de fama de «avancinos» queda esa fama tamañita si la ponemos en parangón con la de nuestros ediles

que avanzan más

Y, si no avanzan, por lo menos su propósito es ese.

Ante la entrega del Baluarte—ó de «Puerto Arturo» como ellos le denominan con énfasis—tratan de agotar las partidas del presupuesto.

Y no sólo tratan de eso,

Lizardo en el mundo hay más

no sólo tratan de eso, sino que además y después se propusieron vender unos terrenos radicados detrás de la antigua cárcel con el plausible objeto—plausible para ellos—de disponer del producto de la venta dentro del actual presupuesto. De modo y manera que si los unionistas ganan á «Puerto Arturo»....se encuentren con las cajas municipales exhaustas; porque en el partido pseudo-republicano de Puerto Rico todo es cuestión de cajas.

Tal era el propósito y la intención de nuestros honorables ediles.

Pero he aquí que el Gobernador no encuentra legal tal procedimiento.

Y así lo manifiesta oficialmente á los señores de «Puerto Arturo.»

A parte de eso, es un buen signo para los unionistas que los concejales republicanos que privan hoy en el Municipio quieran agotar los fondos.

Artículo en *La Democracia* del 12 de septiembre de 1906, que reafirma la razón por la cual nos llaman "los avancinos".

> *Fama tienen -y no de ahora- los honorables habitantes de Villalba, por los cuales he sentido siempre una admiración profunda, de ser "avancinos" en demasía. Y perdonen nuestros respetabilísimos críticos de última hora (honorables también) que empleamos esa palabra de "avancinos" que no aparece en el léxico, en el genuino léxico castellano estiradamente académico, expurgado o sin expurgar por Antonio Valbuena…*

> *…Y si los honorables -honorabilísimos casi- habitantes de Villalba gozan, con justificada razón, de fama de "avancinos", queda esa fama tamañita, si la ponemos en parangón con la de nuestros ediles, que avanzan más…*

Es decir, que el término "avancino" es una expresión coloquial utilizada en el siglo XIX para referirse que algo o alguien progresa y avanza.

Los americanos se van amoldando á nuestras costumbres. Pero avanzan más que los de Villalba.

▲ *La Democracia*, 24 de noviembre de 1898

◄ *La Correspondencia*, 12 de septiembre de 1906

Compatriotas de Villalba

que suscriben la tésis "Unionista."

La paz y la fraternidad--dicen--es la única solución.

Se nos ha remitido la siguiente carta:

«Juana D'.z Villalba 26 de Agosto de 1902.

«Señor Ldo Don Rosendo Matienzo Cintrón.

San Juan.

«Respetab'e compatriota:

«Los que suscriben, ansiosos de ver el progreso en nuestro querido Puerto Rico, le felicitamos con toda nuestra alma, por la acertada idea de su hermoso Manifiesto á nuestro pueblo; él que nos brinda la paz y fraternidad, única solución para el problema tan oscuro de nuestro porvenir.

«Conforme en todas sus partes con sus aspiraciones, nos ponemos á su lado, llevando nuestro humilde grano de arena al edificio de sus anhelos, y con él la prueba del verdadero cariño á nuestra patria.

«De Vdes. respetuosamente,
Mariano Afaro.
José Benito Rivera.
Féʼix L de Victoria.
Félix Antonio Miranda.
José Antonio Miranda.
Francisco Berdecia.
Alejandrino González
Juan Martín.
Lucas Marrero.
Pablo Marrero.
Antonio Olivieri.
Sineiso Malatés.
Maximino Bracety »

◄ Carta abierta publicada en *La Correspondencia*, el 8 de septiembre de 1902, firmada por un grupo de líderes unionistas de Villalba. Desde mucho antes de convertirse en municipio, los villalbeños ejercían gran influencia en la política de Puerto Rico. En las haciendas ubicadas en nuestras tierras se llevaban a cabo importantes reuniones, e incluso fueron escenario de la creación de alianzas y nuevos movimientos políticos.

GRAN DESAFIO DE GALLOS

Para el que ha de tener lugar en la aldea Villalba—Juana Diaz—en los días 6, 7 y 8 de Marzo próximo, invitan los que suscriben, dueños de la gallera en dicha aldea.

Los concurrentes habrán de encontrar sin género alguno de duda todas las comodidades apetecibles, y una jugada de gallos espléndida, porque en ella correrá el dinero a mares.

Villalba, Febrero 6 1896.—*Schmit Hermanos.*
h. 6 Marz).

▲ Anuncio de 1896, en *La Correspondencia*, en el que se hace invitación a un gran desafío de gallos en la gallera de la aldea de Villalba.

En 1917 se firmó la ley Jones otorgando la ciudadanía estadounidense a los puertorriqueños. Esto tuvo el efecto de enviar a los nuevos ciudadanos a la primera guerra mundial. En la foto aparecen dos de los primeros villalbeños enviados a la guerra: Baldomero Negrón Zayas (tercero de izq. a derecha) y Felipe Cintrón (hacha en mano). Abajo, tarjeta de orden de servicio militar de Negrón Zayas, firmada por Walter M[c]K Jones, quien se desempeñaba como presidente de la Junta Local del servicio militar.

La plaza pública

Originalmente, la plaza pública de Villalba no era más que un sencillo espacio abierto, con apenas alguno que otro banco. Ocupaba menos de la mitad del espacio que ocupa en la actualidad. Estaba rodeada de casas y árboles frondosos. En la foto a la izquierda, un miembro de la Policía Insular. Abajo, vista general de la plaza. Fotos cortesía de Domitilo Negrón García.

Algunas reflexiones sobre esta etapa

Como hemos visto, Villalba se convirtió en municipio en 1917, pero éramos una comunidad definida desde muchísimo antes. Bien lo señalaba don Félix Olivieri en una carta al periódico *La Correspondencia*, a finales del siglo XIX: éramos una comunidad destinada al progreso incluso antes de que don José Ramón Figueroa se asentara en nuestras tierras con sus amplios recursos y deseos de dejar su nombre grabado en la historia.

Existen en nuestros campos, huellas de la presencia taína en nuestro suelo. Los petroglifos encontrados en las cuevas de Villalba son mudos -y hasta cierto punto olvidados- testigos de nuestra historia ancestral. Siguen allí, resguardados por la propia naturaleza adorada por nuestros aborígenes. Inmunes al paso del tiempo, que trae consigo nuevas y diversas realidades como transformación de nuestra propia identidad.

Ya llevábamos por nombre Villalba cuando no éramos sino un hato dedicado a la crianza de ganado, mucho antes de ser un barrio ponceño. Llevamos nuestro nombre con orgullo cuando Juan Alejo de Arizmendi acogió la petición de los habitantes de estas tierras para anexarse como barrio juanadino, a principios del siglo XIX. Reafirmamos nuestra identidad cuando nos convertimos en el primer lugar en Puerto Rico en el que se dio "el milagro" de la luz eléctrica. Para entonces éramos un barrio, ni siquiera una aldea, de Juana Díaz. Pero los libros de historia y la cultura popular no señalan a Juana Díaz como el lugar en el que Muñoz Rivera presenció el evento de la energía eléctrica. Es Villalba. Y esto tiene una explicación sencilla: la identidad avancina de los villalbeños es ancestral.

Hasta aquí llegó el gobernador Antonio Dabán y Ramírez de Arellano en 1895, siendo agasajado por Figueroa, para presenciar aquello de lo que hablaban todos: que Villalba se disponía al futuro con ímpetu. Para aquellas mismas fechas celebrábamos nuestras primeras fiestas patronales, elemento fundamental de nuestra cultura. Aquí se asentó Walter M^cK Jones para transformar la aldea en municipio y hacer de este lugar su hogar, convirtiendo a Villalba en centro de sus actividades económicas, personales y políticas. Actividades que ayudarían a escribir muchas páginas de nuestra historia.

Sobre todo, el tiempo previo narrado en este capítulo nos ubica como un pueblo capaz de alcanzar sus metas y convertir en realidad sus sueños. En menos de cien años pasamos a ser, de un hato destinado al ganado a una aldea prometedora en cuyo corazón nació la luz eléctrica y se vivieron los mayores adelantos de la época, hasta convertirnos en municipio en 1917. Pero allí no culmina la historia. Allí es que comienza.

Capítulo 2
Los primeros años

Resumen

Constituido el municipio, es tiempo de desarrollo. Los primeros años sirvieron para organizar la administración municipal, buscar recursos fiscales y organizar la convivencia social. Ya no éramos una aldea avanzada, sino un pueblo dispuesto a crecer y dejar su huella en la historia.

Durante estos años se construyen caminos, se establece la propiedad municipal, se construyen escuelas, hoteles y hospitales. Se instala el alumbrado eléctrico en las calles y lugares públicos y se construye la central hidroeléctrica Toro Negro.

Comienza a desarrollarse la identidad deportiva, sobre todo en el béisbol.

Walter M^{c}K Jones, primer alcalde, se convierte en una figura central luego de convertirse en el primer estadounidense en ser electo a la Cámara de Representantes, según constituida en virtud de la Ley Jones.

Se establece la industria que marcaría las próximas tres décadas: la Central Juliana. La industria del azúcar le da vida al pueblo, tanto como otros elementos de la agricultura. Se establecen granjas agrícolas.

Al final de la década se detuvo el tiempo. En septiembre de 1928 azotó a Puerto Rico uno de los fenómenos naturales más poderosos registrados hasta entonces: el huracán San Felipe. De igual forma, la caída de los mercados en 1929 marcó los años por venir.

Los primeros pasos

La vida municipal de Villalba comenzó el 1 de julio de 1917. Un mes antes, el nueve de junio, se reunió por primera vez el Consejo Municipal, compuesto por Teodoro Alonso, Eladio Burgos y Felipe Colón, en una propiedad de José Víctor Figueroa. La propiedad se convirtió en la sede del gobierno municipal, hasta tanto fuera posible la adquisición de un lugar permanente.

La primera determinación fue la elección de Alonso como presidente del Consejo. Luego de tratar asuntos de estricta administración nombraron a Pablo Morfi como Secretario del Consejo. Un mes después, el 7 de julio, el Consejo acordó formalmente recomendar al gobernador Arthur Yager el nombramiento de Walter M^cK Jones como alcalde[39].

M^cK Jones asumió el puesto de alcalde y, junto con el Consejo Municipal, tuvo a su cargo la responsabilidad de poner en marcha el municipio. El 14 de julio de 1917 quedó aprobado el primer presupuesto, ascendente a $4,146.41. La mayor parte de los ingresos provenían de la valoración de la propiedad mueble. El segundo renglón de mayor ingreso era el de patentes de industria y comercio. El restante provenía de impuestos a las carnes frescas, el corral de animales, licencias o certificaciones, el fondo de caminos y un último renglón de ingresos extraordinarios. Con respecto a los egresos de aquél primer presupuesto, estos iban destinados según se detalla a continuación:

Reparación de caminos y obras públicas	$1036.60
Sueldo del secretario	$720.00
Partida de reserva	$491.53
Sueldo del médico	$360.00
Medicinas para los pobres	$300.00
Gastos sanitarios locales	$246.14
Gastos sanitarios generales	$246.14
Sueldo del alguacil	$240.00
Instalación casa alcaldía	$150.00
Alumbrado público	$100.00
Mantenimiento de oficinas	$75.00
Socorro a enfermos pobres	$50.00
Manutención de los presos	$50.00
Instalación de teléfono	$36.00
Primas para fianzas	$25.00
Bagajes	$12.00
Anuncios	$8.00

---

[39] M^cK Jones se encontraba fuera de Puerto Rico cuando se requirió el nombramiento de un alcalde por parte del Gobernador, por lo que el Consejo Municipal recomendó un interinato de Guillermo Quesada. Sin embargo, el gobernador no acogió dicha idea y resolvió por el nombramiento de M^cK Jones como alcalde interino hasta tanto aceptase el cargo en propiedad. De ahí la creencia generalizada de que Quesada fue alcalde interino antes de M^cK Jones asumir el puesto.

◄ Teodoro Alonso, nacido en España en 1876, fue nombrado al primer Consejo Municipal por el gobernador Arthur Yager. En la primera reunión del Consejo fue electo presidente. También presidió la Junta Escolar y fue el primer Comisionado de Policía y Prisiones.

Otras ordenanzas fueron aprobadas durante los primeros meses y años de vida del municipio, con el propósito de establecer las normas de convivencia de la comunidad. También para arreglar caminos y adquirir las propiedades necesarias para hacer prosperar al municipio.

En 1919 fue aprobada una nueva ley municipal y el puesto de alcalde queda eliminado[40]. M^cK Jones cesa en el puesto y se ve en libertad de emprender nuevas empresas, tanto industriales como políticas. En octubre de aquel año la Asamblea Municipal es renovada en virtud de la nueva ley. Son electos Eladio Burgos, Pedro J. Zayas, Vicente Santiago, Natividad Guzmán y Ramón Víctor Colón. Burgos es electo presidente. A su vez, la Asamblea aprueba el nombramiento de Teodoro Alonso como Comisionado de Servicios Públicos, Policía y Prisiones, asumiendo así la dirección ejecutiva del municipio[41].

En 1920 se llevan a cabo las elecciones generales, resultando electos Julio Olivieri, Luis Zayas, Samuel Marvin, Felipe Morales, Felipe Colón Bracety[42], Guillermo Quesada y Pio Ortiz. Julio Olivieri es electo presidente. Florencio Figueroa es nombrado como Comisionado de Servicio Público, Policía y Prisiones, pasando así a ejercer las funciones ejecutivas del municipio.

---

[40] Rodríguez Roche, 2016
[41] La ley municipal disponía que el director de Servicio Público, Policía y Prisiones ejercería las funciones ejecutivas del municipio.
[42] Colón Bracety y Guillermo Quesada renunciaron en la sesión inaugural. Víctor Toledo juramenta en sustitución de Colón Bracety.

Aquellos primeros años fueron dinámicos. Se construyeron escuelas, caminos, estructuras y empresas, que le brindaron gran impulso a Villalba.

La Central Juliana

Es un mito que la central azucarera fue bautizada como Juliana en honor a Julio Olivieri. En realidad, la central azucarera llevaba ese nombre por Juliana Connover, íntima amiga del matrimonio Jones-Buchanan.

Una de las primeras grandes empresas establecidas en el recién establecido municipio fue la central azucarera Juliana[43]. Con el certificado número 381, emitido el 16 de mayo de 1919, queda incorporada la Central Juliana, Inc. El monto total de capital autorizado fue de cuatrocientos mil dólares, dividido en cuatro mil acciones de cien dólares cada una. Fue construida por el ingeniero Antonio Ferré. La primera Junta de Directores está compuesta por M[c]K Jones como presidente y la completan Helen Buchanan, Thorton Connover[44], R.

H. Bolland y William Mathews.

La primera vez que aparece la Central Juliana en los libros de actas municipales es para el año fiscal 1920. Se trataba de un molino de caña capaz de recibir la producción de toneladas diarias de caña de las tierras villalbeñas.

La central se convirtió en un importante motor económico para Villalba y para los villalbeños, pero no era una empresa rentable. Desde sus inicios reportó pérdidas económicas, pero M[c]K Jones la mantuvo en funcionamiento debido a lo que representaba económicamente para el municipio y para la población.

El Hotel Toro Negro

Otro de los adelantos durante este periodo de tiempo fue el Hotel Toro Negro. Una posada de dos plantas a orillas del rio Jacaguas, en la calle principal del pueblo.

▲ Letrero original de la Posada del Toro Negro

---

[43] Años antes, un grupo de inversionistas y empresarios entre los que se encontraba don Juan Serrallés, había realizado gestiones para establecer una central azucarera en Villalba. Aunque Serrallés poseía fincas de caña en Villalba desde el siglo anterior, no hay noticias de que la empresa de una central previa a la Juliana se haya logrado.
[44] Hermano de Juliana Connover

Eladio Burgos

Nombrado por el gobernador Arthur Yager como miembro del primer Consejo Municipal de Villalba. Junto con Teodoro Alonso y Felipe Colón, le brindaron al municipio las herramientas que le permitirían desarrollarse, lo organizaron y lo encaminaron hacia un brillante porvenir.

Una vez más es Walter M^{c}K Jones quien tiene la iniciativa de proveerle a Villalba un elemento adicional de desarrollo. En 1924 comienza a construirse el hotel en terrenos de su propiedad. Un año después el lugar se convierte de inmediato en atracción turística, punto de encuentro de las personalidades de la época y en fuente de empleos para la población[45].

La escuela Walter M^{c}K Jones

El 12 de octubre de 1921, el Municipio de Villalba solicitó del gobierno insular apoyo para la construcción de un edificio escolar. El gobierno insular, por medio del Comisionado de Educación, informó al gobierno municipal que no existían fondos para tal petición[46]. Sin embargo, el 2 de mayo de 1922, el Comisionado de Educación notificó al representante de su departamento en Villalba la disponibilidad de fondos para el proyecto[47]. Al mismo tiempo, se instó a la municipalidad a contactar al Comisionado del Departamento del Interior para solicitar la construcción (y los planos) de la escuela.

---

[45] Rosario, 1996
[46] Carta del Subcomisionado del Interior a Juan B. Angulo, Secretario Municipal de Villalba, 18 de octubre de 1921.
[47] Carta del Comisionado de Educación de Puerto Rico al Comisionado Municipal de Educación de Villalba, 2 de mayo de 1922

El gobierno local de Villalba ya había identificado la propiedad municipal en la que se podría construir la escuela. El 8 de enero de 1924, casi dos años después, el Comisionado solicitó al Auditor de Puerto Rico la cantidad de $8,000.00 que, junto a otros $18,000.00 ya reservados hacían un total de $26,000.00 para ser utilizados en la construcción de un edificio escolar de 7 habitaciones[48]. El 17 de enero de 1924, el Comisionado Especial de Servicio Público de Villalba recibe los planos de construcción para el proyecto[49], los cuales pertenecen a otro proyecto previamente construido por el Departamento del Interior en Río Piedras. Estos planos habían sido adoptados por el propio Walter M^{c}K Jones como modelo para la escuela de Villalba y fueron aprobados por el Consejo de Administración[50].

El proyecto fue presentado en marzo de 1924 y se anunció en periódicos como La Democracia, El Mundo, La Correspondencia y El Tiempo. En el Departamento del Interior, el arquitecto Rafael Carmoega estuvo a cargo de los procedimientos y, de acuerdo con la documentación existente, M^{c}K Jones en persona dio seguimiento a todo el proceso desde un principio[51]. El proyecto fue adjudicado a Antonio Ferré por un monto de $21,052.598[52]. Los trabajos de construcción comenzaron en el verano de 1924 sin que fuera formalizado un contrato a los efectos. Un proceso burocrático había detenido el inicio de la construcción y la tenacidad de M^{c}K Jones se impuso.

En julio, el entonces Representante a la Cámara telegrafió a Guillermo Esteves, Comisionado del Interior, y solicitó urgentemente que un inspector de proyectos certifique el trabajo realizado hasta la fecha: "Imposible continuar trabajando bajo tales circunstancias", le dice[53]. Al final del mes, el arquitecto Carmoega le envió a Antonio Ferré su contrato de construcción, solicitándole simultáneamente que informara la fecha en que comenzaría el trabajo[54]. Dicha solicitud era de carácter académico, dado que los trabajos ya se encontraban adelantados. El 31 de julio, el Comisionado Esteves ordenó a Manuel Liaño certificar el trabajo ya realizado en la escuela[55]. En menos de una semana, el Comisionado de Educación recibió una copia de la certificación para realizar el primer pago, "por el trabajo realizado hasta el 1 de agosto de 1924"[56].

---

[48] Carta del Comisionado al Auditor de Puerto Rico, 8 de enero de 1924.

[49] Carta del Subcomisionado del Departamento del Interior al Comisionado de Servicio Público de Villalba, 17 de enero de 1924

[50] Carta del Secretario Municipal de Villalba al Comisionado del Interior, 7 de febrero de 1924

[51] Telegrama de Walter M^{c}K Jones a Rafael Carmoega, 18 de marzo de 1924 / Telegrama de Walter M^{c}K Jones a Guillermo Esteves, 9 de abril de 1924

[52] Memorando de Rafael Carmoega, 10 de abril de 1924.

[53] Telegrama de Walter M^{c}K Jones a Guillermo Esteves, 28 de julio de 1924

[54] Carta de Rafael Carmoega a Antonio Ferré, c/o Francisco Grevy, 31 de julio de 1924

[55] Carta de Guillermo Esteves a Manuel Liaño, 31 de julio de 1924

[56] Carta del Subcomisionado al Comisionado de Educación, 6 de Agosto de 1924

En septiembre de 1924 trabajaban en la construcción un capataz, cuatro albañiles, seis carpinteros, dos pintores, y 27 peones[57]. El personal mensual en el sitio tenía un promedio de 30 a 40 personas. Ese mismo mes Antonio Ferré delegó la finalización de la escuela a Francisco Grevi[58]. M^cK Jones continúa dando seguimiento a la obra y gestionando la agilización de los trabajos[59]. En enero de 1925, la Asamblea Municipal decide nombrar la escuela como Escuela Walter M^cK Jones, en agradecimiento por sus contribuciones a Villalba y sus esfuerzos personales para construir la escuela.

El 18 de julio de 1925, Blas C. Silva Boucher fue designado Inspector Especial para aprobar la finalización sustancial de la escuela[60]. Para el 31 de julio, Silva había preparado un exhaustivo informe a tal efecto, enumerando todas las tareas pendientes de ejecución o repetición e incluyendo fotografías que ilustran las condiciones más importantes. Blas Silva inspecciona la escuela el 9 de septiembre, encontrando que "profesores y niños estaban invadiendo el edificio para dar clases"[61]. No fue sino hasta el 22 de abril de 1926 que la División de Obras Públicas del Departamento del Interior recibió oficialmente el proyecto como completado, a pesar de que la escuela había estado en uso desde el año anterior[62].

◄ Estructura original de la escuela (Foto cortesía de la Fundación Walter M^cK Jones)

---

[57] Reporte semanal del Inspector del Proyecto, 20 de septiembre de 1924.

[58] Carta de Antonio Ferré a Guillermo Esteves, 24 de septiembre de 1924

[59] Por ejemplo, en enero de 1925 solicitó mediante carta que un inspector de Departamento del Interior fuera nombrado para encargarse exclusivamente de los asuntos de la escuela

[60] Memorando del arquitecto Rafael Carmoega al Comisionado del Interior (endosada por este), 18 de julio de 1925.

[61] Informe de Blas G. Silva a la División de Arquitectura del Departamento del Interior, 9 de septiembre de 1925

[62] Memorando del Comisionado de Camilo González, Inspector Especial, al Comisionado del Departamento del Interior, 22 de abril de 1926 / Carta del Subcomisionado a Antonio Ferré, 12 de mayo de 1925.

Se inaugura el nuevo templo

El diseño del nuevo templo estuvo a cargo del arquitecto Francisco Luis Porrata-Doria. Contrario al templo anterior, que era en madera, este fue diseñado y construido en hormigón armado. Fue inaugurado en julio de 1923, como parte de las fiestas patronales de aquel año.

Un nuevo templo

En 1923 fue inaugurado el nuevo templo católico. El templo existente hasta entonces prácticamente había sucumbido a los embates del tiempo. Habíamos pasado por varios eventos catastróficos, incluyendo el devastador huracán San Ciriaco en 1899 y el terremoto de 1918. El templo se encontraba en un grave estado de deterioro.

Gracias a las aportaciones de la ciudadanía[63], el antiguo templo fue sustituido por uno nuevo, inaugurado y bendecido por el obispo el 15 de julio de 1923, como parte de las fiestas patronales de aquel año.

Villalba se ilumina

Desde la instalación del primer sistema privado emplazado por José Ramón Figueroa y hasta 1915, la energía eléctrica en Puerto Rico era producida por compañías privadas. Posteriormente el Estado creó la infraestructura necesaria para generar y distribuir energía eléctrica, pero la prioridad eran los sistemas de riego que sustentaban nuestra economía agraria. Desde estos sistemas se distribuía energía eléctrica a las poblaciones[64].

---

[63] Incluyendo una importante aportación de M^cK Jones, a pesar de que éste no procesaba la fe católica

[64] Autoridad de Energía Eléctrica

Julio Olivieri

Ligado durante años al quehacer colectivo de la vecindad, Julio Olivieri fue miembro y presidente de la Asamblea Municipal a principios de los años '20. Fue designado como alcalde en propiedad tras la renuncia de Diego Ismael Rivera en 1925. Murió ejerciendo el puesto, tres meses después de haber juramentado.

El sistema de riego más cercano a Villalba estaba ubicado entre el sector Guayabal y el sector Romero: el embalse Guayabal. Entre 1924 y 1925 se gestionó un proyecto para la instalación del servicio de alumbrado para la población. No debe confundirse este proyecto de alumbrado con el proyecto de la central hidroeléctrica. Esta última fue construida en 1929, cinco años después del proyecto de alumbrado. En realidad, este proyecto estableció la infraestructura (tendido, postes, etc.) para iluminar a Villalba desde el sistema de riego de Juana Díaz.

Central hidroeléctrica Toro Negro

La central hidroeléctrica Toro Negro comenzó a operar formalmente en 1929[65]. Funcionaban para entonces otra cinco[66]. Originalmente operaba con tres generadores, cada uno con una capacidad de 1,440 voltios. Para el funcionamiento de la central hidroeléctrica se construyó una serie de represas que suplen el agua mediante un sistema de gravedad. Tanto la central Toro Negro 1 como la posteriormente construida Toro Negro 2 se nutren de las represas Guineo, Toro Negro, Marrullas, Doña Juana y Aceitunas[67]. Al iniciarse el proyecto de Toro Negro, comenzó la construcción de una línea

---

[65] Informe Anual del Gobernador, Año Fiscal 1928-1929.
[66] También existían las de Comerío (1 y 2), Carite (1 y 2) y Aguadilla. Toro Negro fue la tercera central hidroeléctrica construida por el gobierno de Puerto Rico
[67] Autoridad de Energía Eléctrica

desde Villalba hasta Aguadilla con ramales hasta Arecibo[68]. El costo total del proyecto Toro Negro fue de $540,623.18[69]. El edificio que alberga la planta tuvo un costo de $40,706.45[70]. Casi un 20% del costo total de proyecto (94,996.14) fue destinado a la construcción del canal de la Aceituna, que inyecta el agua a la planta.

Originalmente el municipio de Villalba había solicitado al Departamento del Interior de los Estados Unidos la construcción de la central hidroeléctrica en 1923. El propósito principal era proveer de una fuente de energía a la central Juliana y para el alumbrado público y doméstico de la población[71].

Otros proyectos desarrollados

Durante esta década se desarrolló una diversidad de proyectos que sentaron importantes bases. Por ejemplo, en julio de 1924 se aprobó la ordenanza para la compra del terreno necesario para construir un nuevo cementerio, cuya subasta no fue adjudicada sino hasta 1928. Otro proyecto importante fue el desarrollo de una granja agrícola. Es preciso recordar que para entonces toda la economía giraba en torno a lo agrario. Esta granja permitía el desarrollo de nuevos proyectos agrícolas. También como escuela agrícola para los jóvenes.

Se estableció una clínica para el tratamiento de enfermedades transmisibles. También se obtienen los terrenos y se ordena la construcción de una escuela en el sector Romero. De igual forma se hacen las primeras gestiones para la compra de los terrenos y construcción para una casa alcaldía de carácter permanente, la cárcel municipal y otros. Estos y otros proyectos desarrollados a lo largo de la década fueron posibles gracias a la adquisición mediante compra de una cantidad determinada de cuerdas de terreno a la familia Figueroa. Así se acordó en 1921 mediante ordenanza que, en parte, disponía que "las condiciones de este municipio requieren una más extensa urbanización, al objeto de fomentar el ornato con la construcción de casas para viviendas, edificios municipales, plazas y otros sitios…"[72].

Para el logro de estos y tantos otros proyectos que le brindaron a Villalba la oportunidad de progresar en esta etapa, fueron fundamentales los fondos legislativos asignados gracias a las intervenciones de José Víctor Figueroa Reyes (primero representante a la Cámara y luego senador) y Walter M[c]K Jones (como representante a la Cámara entre 1921 y 1928).

---

[68] Autoridad de Energía Eléctrica
[69] Informe Anual del Gobernador, Año Fiscal 1928-1929.
[70] Ídem
[71] López, 2007
[72] Acta de la Asamblea Municipal de Villalba, 21 de febrero de 1921.

Protagonistas de la década

Todo el progreso experimentado durante este periodo de tiempo fue posible gracias a un grupo extraordinario de servidores públicos que le ofrecieron a Villalba su tiempo y energías. Teodoro Alonso, Eladio Burgos, Felipe Colón, Pablo Morfi, Pedro J. Zayas, Vicente Santiago, Natividad Guzmán, Ramón Víctor Colón, Julio Olivieri, Luis Zayas, Samuel Marvin, Felipe Morales, Felipe Colón Bracety, Guillermo Quesada, Pio Ortiz y Florencio Figueroa, fueron figuras fundamentales en estos primeros años.

En 1924, Diego Ismael Rivera se convierte en el primer alcalde electo. En septiembre de 1925 renuncia al cargo, que pasa a ser ocupado de

Felipe Colón Bracety, miembro del primer Consejo Municipal

manera interina por José Blas Colón, quien hasta entonces se había desempeñado como Director Escolar. A su vez, Colón hace entrega del cargo a Julio Olivieri, nombrado alcalde en propiedad y juramentado como tal el 21 de septiembre. Sin embargo, fallece tres meses después. Cristino Torres, quien hasta entonces se había desempeñado como Tesorero Municipal, asume el puesto de manera interina hasta que es nombrado Bernardo Negrón, quien asume el cargo el 7 de junio de 1926. Renuncia, sin embargo, dos meses después, el 18 de agosto. Dos días después juramenta al cargo don Luis Zayas, quien culmina el cuatrienio.

En las elecciones generales de 1928 es electo Guillermo Quesada. Ciertamente la década de 1920 fue una de mucha inestabilidad en la administración municipal. Solo dos figuras políticas permanecieron estables en el panorama: José Víctor Figueroa Reyes y Walter M^{c}K Jones. Figueroa permanece en el escaño al que fue electo originalmente en 1914 en representación del Partido Republicano y luego como senador. M^{c}K Jones, por su parte, aspira a la Cámara de Representantes en 1920 en representación del Partido Unión y es reelecto en 1924 en representación de la Alianza puertorriqueña.

69

Bernardo Negrón Rodríguez

Fue alcalde durante un brevísimo espacio de tiempo, durante la década de los años '20. También fue un comerciante exitoso y apreciado por los habitantes de Villalba.

Ambos legisladores concentraron sus respectivos esfuerzos en lograr asignaciones presupuestarias a nivel estatal que le permitieran al municipio desarrollar proyectos de infraestructura tales como escuelas, carreteras y otros. Como hemos visto, a pesar de la inestabilidad política, la década estuvo bien encaminada en cuanto a los proyectos de administración.

De los dos legisladores, fue M^{c}K Jones el que alcanzó relevancia política a nivel nacional. Fue electo Representante a la Cámara en 1920, aunque juramentó su cargo tarde en 1921. Esto se debió a un proceso de impugnación de los resultados, que la noche de los comicios dieron como ganador del escaño a José Zambrana, del Partido Republicano. Eventualmente se demostró un fraude electoral que favorecía a Zambrana, lo que dio como resultado la juramentación tardía de M^{c}K Jones. Esto no fue impedimento para que se convirtiera en un elemento importante de la discusión pública de aquella década.

M^{c}K Jones gestionó y logró la aprobación de multiplicidad de proyectos, principalmente de infraestructura y desarrollo. La escuela bautizada con su nombre es el más emblemático. También logró el establecimiento de la granja agrícola y otros relacionados. Pero al mismo tiempo que luchaba por el desarrollo de Villalba, defendía los intereses de Puerto Rico a nivel nacional. Por ejemplo, fue fundamental en la batalla para destituir a Emmet

70

Montgomery Reily, cuya gobernación pasó a la historia como una administración corrupta y abusiva.

Para las elecciones de 1924, el Partido Unión y una sección del Partido Republicano se constituyeron en una alianza. Figueroa Reyes es electo entonces como senador, mientras que M[c]K Jones fue reelecto a la Cámara. En 1926, la Asamblea Municipal de Villalba declara a M[c]K Jones como Hijo Adoptivo de Villalba. Tres años más tarde, el 4 de julio de 1929, sufre un atentado contra su vida por parte de algunos integrantes de la familia de Casimiro Figueroa, mientras se dirigía hacia Jayuya a celebrar una reunión de la Alianza[73]. Los perpetradores cumplieron cárcel por haber atentado contra la vida de M[c]K Jones.

El huracán San Felipe

En septiembre de 1928, casi al culminar la década, Puerto Rico sufrió los embates de uno de los peores fenómenos atmosféricos que habían azotado a la isla hasta entonces: el huracán San Felipe. Elizabeth Kneipple Van Deusen lo describe así:

> "...y entonces, con el rugir de la bestia destructora, descendió sobre esta isla en septiembre trece el horrible huracán San Felipe. Sopló durante treintiséis horas espantosas y al pasar dejó tras de sí un cuadro tal de desolación y miseria, que pocas veces habrá sido igualado por la mano de la naturaleza. Aquellos que no vivieron esas horas de tortura, aquellos que no han visto las ruinas de este jardín del universo, escasamente pueden imaginarse a Puerto Rico en los días que han seguido al huracán, arruinado, agobiado, amenazado por los espectros que siguen siempre a estas catástrofes: el hambre y las enfermedades".[74]

El resultado del paso de San Felipe por Villalba fue devastador. La Hacienda Limón, la Central Juliana (fuentes ambas de trabajo e ingreso para el humilde trabajador), el Hotel Toro Negro, todos fueron devastados. Las escuelas rurales y los edificios municipales también sufrieron el embate. El recién instalado tendido y alumbrado eléctrico, los comercios, gran parte de las residencias; en fin, la catástrofe.

También las escuelas rurales y los edificios municipales. En la sesión del Consejo Ejecutivo del 5 de octubre[75], se somete un presupuesto de emergencia para atender una primera fase de reconstrucción, ascendente a tres mil dólares de la época.

---

[73] Rodríguez Roche, 2019
[74] Elizabeth Kneipple Van Deusen, 1929
[75] Actas de la Legislatura Municipal de Villalba

El fondo de emergencia aprobado por la Junta Administrativa para las reparaciones en las propiedades municipales incluyó lo siguiente:

Edificio escolar Walter M^{c}K Jones	$250.00
Edificio escolar de Romero	$250.00
Edificio escolar de Jagueyes	$500.00
Servicio de alumbrado eléctrico	$300.00
Cementerio viejo	$100.00
Ampliación nuevo cementerio	$500.00
Equipo escolar	$200.00
Medicinas a enfermos pobres	$700.00
Para otros gastos no provistos	$200.00

▲ Foto de E. Bachs en la que se muestra la destrucción provocada por el huracán San Felipe. Las estructuras en la calle M^{c}K Jones fueron destruidas, el Hotel Toro Negro fue destechado y el rio Jacaguas se entronizó arrastrando cuanto encontró a su paso.

El deporte en los años '20

Las referencias sobre el deporte villalbeño en los años '20 no son abundantes. No hay duda de que el deporte rey durante la década lo fue el béisbol. A pesar de que las referencias son escasas, sabemos que se practicaba por los jóvenes de la época en diversos espacios abiertos, tales como los terrenos de la Central Juliana, el patio de la escuela M^{c}K Jones, los terrenos que hoy ocupa el desvío Félix Luis Hernández, entre otros.

Estos encuentros deportivos de los jóvenes de los años '20 sirvieron de base para las grandes glorias que surgirían en los tiempos venideros.

Arte y cultura en los años '20

La principal actividad cultural en esta etapa lo es el teatro. Existe durante estos años el Teatro Lindbergh, posiblemente ubicado en la intersección de las calles Barceló y Muñoz Rivera. En un mapa fechado en 1924 aparece este lugar identificado como "cine".

El balance de la década

Los años '20 representaron un tiempo importante de desarrollo para Villalba. Construcciones como la escuela Walter McK Jones y otras escuelas ubicadas en la ruralía, el Hotel-Posada Toro Negro, la granja agrícola y la planta hidroeléctrica Toro Negro representaron pasos extraordinarios en el desarrollo socioeconómico. Políticamente, la trascendencia de Walter McK Jones y José Víctor Figueroa Reyes en sus respectivas colectividades era de incalculable valor para Villalba. Figueroa en el Partido Republicano y McK Jones en el Partido Unión, salvaron sus diferencias ideológicas para dotar a Villalba de carreteras, alumbrado, acueductos, escuelas y progreso. El progreso experimentado durante estos años le permitió a nuestro pueblo enfrentar elementos adversos, tanto naturales como de carácter económico. Por ejemplo, enfrentar adecuadamente y tener los recursos para remediar la devastación del huracán San Felipe, tanto como los estragos de la gran depresión iniciada a finales de los años '20. En fin, que los años '20 nos sirvieron para crecer y desarrollar proyectos que perdurarían por décadas, incluso hasta más de un siglo.

◄ *La Correspondencia* reporta, a mediados de 1919, la inauguración de la carretera 149 de Juana Díaz a Villalba. A la actividad asistió el gobernador Arthur Yager, quien fue recibido y agasajado por el alcalde Walter McK Jones.

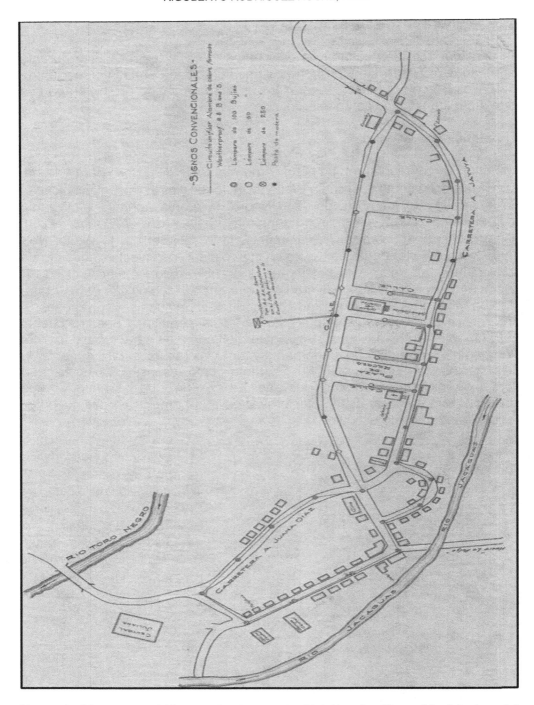

Mapa de Villalba en 1924, realizado por la División de Obras Municipales del Departamento del Interior para la instalación del servicio de alumbrado eléctrico. Destaca el local identificado como "cine", entre las calles Barceló y Muñoz Rivera.

Interior de la central azucarera Juliana, particularmente su sistema de calderas. (Foto Archivo Histórico de Villalba).

▲ Calle Walter M^cK Jones (durante un tiempo calle principal de nuestro pueblo). Foto cortesía de Domitilo Negrón.

La Central Hidroeléctrica Toro Negro se encuentra en funcionamiento desde abril de 1929 (Foto de Nelson García, cortesía de José Juan Flores Falcón)

Florencio Figueroa

Ejerció las funciones ejecutivas del municipio, luego de haberse eliminado el puesto de alcalde como resultado de la ley municipal de 1919. En 1924 se reestablece el puesto de alcalde en la ley municipal. A la izquierda, retrato al óleo realizado por Tulio Ojeda, cortesía de Doel Martínez.

77

Resolución

De la Asamblea Municipal de Villalba, Puerto Rico, para declarar hijo adoptivo de este pueblo al Hon. Walter McK Jones

Por cuanto : Desde hace más de quince años reside en este pueblo un noble continental que responde al nombre de Walter McK Jones, quien dedicó sus energías y sus actividades al fomento de la agricultura, invirtiendo grandes sumas de dinero a la compra de fincas, desarrollando en gran manera el cultivo de sus frutos y en los últimos siete años propulsó la industria del azúcar, implantando una factoría junto a la población, que aparte del progreso que en sí representa, es de inmensos beneficios para un sinnúmero de familias que allí labran la subsistencia diaria.

Por cuanto : El Hon. Walter McK Jones, completamente familiarizado con las costumbres del país e identificado en la aspiración política que sustenta el pueblo de Puerto Rico de adquirir un regimen de gobierno que ponga en manos de los puertorriqueños el derecho a regir sus propios destinos, viene laborando sin descanso por la consecuencia de tan hermosos propósitos, siendo muy notables las patrióticas campañas que ha librado en pro de tan alta finalidad.

Por cuanto : En las cuestiones públicas de carácter local ha puesto al servicio de este que él llama su pueblo, todos sus entusiasmos, su inmenso cariño y sus hermosas iniciativas, logrando que lo convirtieran en una población moderna y progresista; y

Por cuanto : Tan hermosas ejecutorias lo han hecho merecedor al cariño, simpatía y pública estimación, y es por tal motivo que esta asamblea está llamada a demostrar de algún modo su reconocimiento a tan digno ciudadano:

Por tanto : Resuélvese por la Asamblea Municipal de Villalba, Puerto Rico

Sección 1ra: Declarar como por la presente se declara, hijo adoptivo de este pueblo de Villalba al Honorable Walter McK Jones, en justo reconocimiento a sus indiscutibles méritos.

Sección 2da: Que una copia certificada de esta resolución se remita al Honorable Walter McK Jones y se publique además en el periódico La Democracia que se edita en la ciudad de San Juan, Puerto Rico para conocimiento general.

Sección 3ra: Esta resolución será efectiva inmediatamente después de su aprobación por el señor Alcalde.

En Villalba, Puerto Rico, a los once días del mes de junio de mil novecientos veintiseis.

Felipe Colón
Presidente Asamblea

Bernardo Negrón
Alcalde de Villalba

Reconstrucción gráfica de la Resolución de la Asamblea Municipal, declarando a Walter M^cK Jones como Hijo Adoptivo de Villalba en 1926.

Plaza de recreo, luego de su primera remodelación.

El Hotel (posada) Toro Negro, construido por Walter M^{c}K Jones entre 1924 y 1925.

Arriba, salón principal del Hotel Toro Negro. Abajo, una de sus habitaciones.

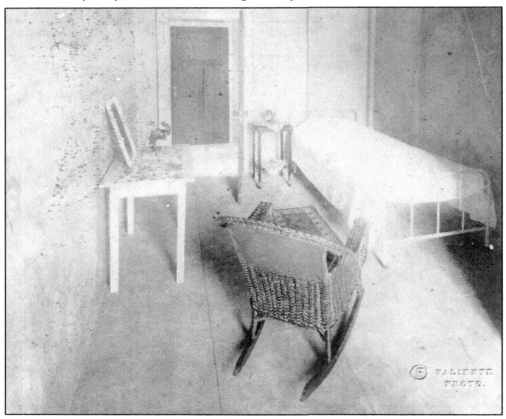

Resumen

Los años treinta trajeron consigo grandes retos económicos para el mundo, especialmente para Estados Unidos y Puerto Rico. Villalba no fue la excepción. La gran depresión provocada por el colapso financiero de 1929 azotó a nuestra población. Esto, unido al embate del Huracán San Felipe en 1928, disparó los niveles de pobreza, que de por sí siempre habían sido altos. Sin embargo, supimos reinventarnos y salir adelante.

La industria de la caña continuó adelante, esta vez de la mano de la Familia Semidey, quienes adquirieron la Central Juliana y la rebautizaron con el nombre de Central Herminia.

Nace el cooperativismo villalbeño al fundarse la Cooperativa de Productores de Vegetales de Villalba.

En términos políticos, Villalba fue reflejo de la situación general del país. La Coalición Socialista-Republicana obtuvo la victoria en las elecciones de 1932. MᶜK Jones, derrotado en su aspiración senatorial de ese año y agobiado por la crisis económica, se ve obligado a radicarse en Estados Unidos. Desde allí ofrece todos sus recursos y colaboración para alcanzar proyectos tales como la PRERA y la PRRA. Mientras en el resto del país el Partido Liberal se despedazaba, en Villalba solidifica su poder y recupera la Alcaldía en 1936. Antonio R. Barceló "se refugia" en Villalba.

Se establece en Apeaderos la primera Iglesia de Dios Pentecostal.

Algunos datos sociodemográficos

De acuerdo con los datos del Censo de 1930, había para esa época un total de 11,847 personas. Esto significó una reducción poblacional de más de 9% con respecto a la década anterior. El sesenta por ciento (60%) de la población no superaba los veinte (20) años de edad. Tan solo el ocho por ciento (8%) de los habitantes de Villalba tenía más de 41 años de edad.

De la población total, 5,907 eran varones y 5,940 eran mujeres. Del total de varones, 2,444 eran mayores de 21 años. Las mujeres mayores de 21 años alcanzaban las 2,402. Tan solo el 58.1% de los niños entre los 7 y los 13 años de edad asistían a la escuela. Ese número bajaba a menos del 20% en la población de 14 y 15 años de edad y a menos del 10% en la población de 16 a 17 años de edad.

La agricultura era la principal fuente de trabajo. En promedio, 71% de las fuentes de trabajo estaban relacionadas a este campo. Los oficios más predominantes eran los de labrador y jornalero. El salario promedio rondaba el dólar diario; incluso menos.

Con respecto a la situación socioeconómica en general, Francisco Pérez señala:

Barrio	Población
Pueblo	---
Caonillas Abajo	1151
Caonillas Arriba	1588
Hato Puerco Abajo	773
Hato Puerco Arriba	1445
Vacas	1755
Villalba Abajo	1407
Villalba Arriba	3728

> El 53% de las tierras agrícolas villalbeñas aportaba muy poco al desarrollo económico del municipio. Esto indica que la agricultura en Villalba, a pesar de ser el renglón económico más importante, no generaba la riqueza económica suficiente para que los habitantes pudiesen vivir un nivel de vida holgado. De aquí se desprende, en primer plano, la postración económica del municipio en general. No deberá sorprender, entonces, la pobreza reinante[76]…

El nivel de pobreza en Villalba de los años '30 era alarmante.

---

[76] Pérez, 2019: pág. 74

La economía de los años '30

Como ha sido reseñado, los años '30 iniciaron con una depresión económica que afectó seriamente el mercado mundial. En Villalba las consecuencias de aquel proceso y del destructor huracán San Felipe cobraron más de una iniciativa económica y comercial.

Para los primeros años de la década se reportó la existencia de 85 negocios, la mayoría de estos cafeteros y ventorrillos. Una década antes existía básicamente la misma cantidad de negocios, lo que representa un deterioro en el desarrollo económico del pueblo. Para mediados de década había un total de ciento ochenta fincas, dedicadas principalmente a frutos menores y producción de café y leche. De café se producían más de ciento cincuenta y siete mil libras, mientras que se producían más de setenta mil cuartillos de leche. El total de ventas en frutos menores ascendía a $18,565 dólares[77]. Pero, como apunta Pérez[78], a pesar de ser la fuente primordial del movimiento económico, este renglón de la economía no aportaba a la generación de riqueza económica.

De otra parte, el municipio se encontraba en una grave crisis fiscal. A principios de la década tan solo se recolectaba el 25% del ingreso proyectado por concepto de las contribuciones sobre la propiedad[79], el cual representaba el grueso de las arcas. De hecho, los estimados de ingresos a principios de la década de los años '30 era menor que una década antes. Se reflejaba así la situación general del pueblo y del país. Las calles y caminos se encontraban en un alto nivel de deterioro[80] y las condiciones de vida eran precarias.

Las condiciones en que se encontraba el asunto público era reflejo y consecuencia de las condiciones en que se encontraba el sector económico en general. Las empresas, comerciantes y proveedores hacían malabares para subsistir. De allí, la inusual cantidad de demandas civiles por cobro de dinero por parte de empresas tales como la Central Juliana, la Villalba Comercial, entre otras durante los primeros años de la década.

Por supuesto, las deudas se tornaban en un problema cíclico. Por ejemplo, la Central Juliana se encontraba inmersa en deudas extraordinarias. No tan solo porque terceros le adeudaban, sino porque desde sus inicios enfrentó problemas económicos[81]. La situación económica ya descrita y los estragos

---

[77] Pérez, 2019
[78] *Villalba: historia social y económica en tiempos de crisis, 1930-1940*
[79] Actas de la Asamblea Municipal, 1931
[80] Rosario-Natal, 1996
[81] Rodríguez-Roche, 2019

causados poco antes por el huracán San Felipe obligaron a M^{c}K Jones a ceder ante lo inevitable. El Banco de Ponce adquirió el lugar. Poco después la central fue adquirida por José & Santos Semidey, quienes la rebautizan como Central Herminia, en honor a Herminia Colón de Semidey. La última vez que la central cumplió con sus obligaciones fiscales con el nombre de Juliana fue para el año 1931.

De acuerdo con Rosario y Marrero, "fue esta una década dura, de privaciones, de sacrificios heroicos, de estrechez económica, deficiencia en los servicios públicos, impotente ante los embates de los fenómenos naturales y las enfermedades y epidemias...Fue la década del "Lamento Borincano"[82].

La PRERA y la PRRA

Con el propósito de ayudar a remediar la crisis, el gobierno de Franklin Delano Roosevelt ideó un proyecto sin precedentes: el Nuevo Trato. En términos sencillos, se trataba de la intervención directa del gobierno estadounidense en materia económica con el propósito de estabilizar el sistema y establecer programas destinados a la justicia social.

En Puerto Rico, el Nuevo Trato fue sinónimo de dos importantes proyectos: la *Puerto Rico Emergency Relief Administration* (PRERA) y la *Puerto Rican Reconstruction Administration* (PRRA). Walter M^{c}K Jones fue pieza importante en los esfuerzos por establecer ambas iniciativas[83].

Gracias a los fondos de la PRERA fue posible la ampliación de la central hidroeléctrica Toro Negro. Se instalaron nuevas turbinas, canales, tuberías, compuertas, transformadores y otras mejoras que le dieron a la hidroeléctrica mayor capacidad de servicio.

También gracias a la PRERA y la PRRA se establecieron iniciativas para la eliminación de arrabales y se fomentaron proyectos de vivienda para familias de escasos recursos, entre otros proyectos.

El Nuevo Trato significó para Villalba lo mismo que para el resto de Puerto Rico: una oportunidad para el desarrollo socioeconómico en diversidad de factores. Por ejemplo, incluyó el proyecto de reforestación de Doña Juana, la construcción del área de Toro Negro, el campamento utilizado para

---

[82] Tomado del artículo "Puerto Rico en la década de los años treinta" Rosario-Natal y Jorge Marrero, 1976
[83] En sus memorias, Luis Muñoz Marín deja constancia de las aportaciones de McK Jones en todas las iniciativas que dieron como resultado el Plan Chardón, la PRERA, la PRRA y otros (Pág. 124)

escolarizar a los obreros, entre muchos otros. Además se asignaron miles de dólares para el establecimiento de salones de clase en las áreas rurales del pueblo. También se asignaron fondos y recursos para establecer fincas agrícolas, que permitieron un nuevo despunte de la agricultura en nuestro pueblo.

Pero probablemente una de las mayores aportaciones de la PRRA a los villalbeños fue a través de su programa de financiamiento, facilitando la organización de cooperativas agrícolas que de otra forma no hubieran podido desarrollarse[84]. Gracias al Nuevo Trato nació el cooperativismo villalbeño.

Obreros villalbeños en el área de Doña Juana en 1936. Foto de la Biblioteca Digital.

Nace el cooperativismo villalbeño

A finales de la década se crea la Cooperativa de Productores de Vegetales de Villalba. Un grupo inicial de ciento cincuenta socios producían tomates para ser distribuidos en Puerto Rico, Nueva York y el mercado militar. El grupo adquirió un local inicial y varias pequeñas sucursales para facilitar a los socios la entrega de sus productos. Nacía así uno de los movimientos más significativos del siglo XX y que encontraría en Villalba su capital: el movimiento cooperativo.

---

[84] Pérez, 2006

Sería Agustín Burgos Rivera, comerciante y líder, el visionario que catapultó la industria cooperativista hasta alcanzar la cúspide en el siglo XX. Burgos Rivera había incursionado brevemente en política durante la década anterior, pero la abandonó temprano. El servicio público le llegaba por vocación y se desempeñó como Comisionado Municipal de Instrucción, Comisionado de Servicio Público y Comisionado de Obras Públicas[85]. También ejerció como Juez de Paz.

Ejerciendo como Administrador de Intercambio Comercial de la PRRA tuvo su primer contacto con la idea del cooperativismo. La estudió y profundizó en ella hasta convertirla en un movimiento mediante el cual le era posible al ciudadano común ser dueño y parte de una empresa que al mismo tiempo era de todos. Agustín Burgos Rivera fue el arquitecto de aquella empresa cooperativista. Burgos había participado del movimiento cooperativo y lo había estudiado de primera mano. Villalba se convirtió en el corazón de este movimiento en Puerto Rico.

La Cooperativa de Productores de Vegetales de Villalba fue la pionera del movimiento cooperativista en Villalba.

La década y sus líderes

En asuntos políticos y de administración, la década comenzó tan tumultuosa como en los aspectos económicos. En octubre del '31 el alcalde Guillermo Quesada renuncia al puesto debido a las presiones existentes sobre la administración municipal. Quesada se había desempeñado en el cargo de manera interina durante los años de la fundación. Tenía vasta experiencia y bagaje. Tal habrá sido la situación para querer abandonar la dirección

---

[85] Rosario-Natal, 2000

municipal en tiempos tan difíciles. En cambio, reasume el puesto tan solo un mes después. Al presentarse a las elecciones del '32 es derrotado por la Coalición, resultando electo Ramón Víctor Colón. A la Asamblea Municipal son electos José Vilá, José Negrón, Ernesto Figueroa, Valentín Zayas, Asunción Rodríguez, Antonio Torres, Natividad Guzmán, Víctor Negrón y Julio Santiago.

Cuatro años más tarde, en las elecciones de 1936 el Partido Liberal (antiguo Partido Unionista) retoma la poltrona municipal, siendo electo alcalde don Manuel Negrón. A la Asamblea fueron electos Heriberto Rodríguez Fortier, Antonio Juan Torres, Erasmo Rodríguez, Valentín Zayas, Ramón Pérez, Pragnacio Maldonado, Nicolás Ortiz, Víctor Toledo y Eduvigis Céspedes de Criado[86].

Eduvigis[87] Céspedes de Criado se convirtió en la primera mujer en ser electa a la Asamblea Municipal[88]. De acuerdo con los documentos de la Comisión Estatal de Elecciones, Céspedes fue electa en representación del Partido Liberal. Según el Negociado del Censo, Céspedes era agricultora y residía junto a su esposo y sus hijos en lo que hoy día se conoce como Parcelas Céspedes. Sin embargo, dejó vacante su puesto como Asambleísta, siendo sustituida en abril de 1937 por la Srta. Virginia Negrón[89].

A mediados de la década, el 10 de noviembre de 1935, fallece el exalcalde Bernardo Negrón Rodríguez, quien había ejercido el cargo durante un breve espacio de tiempo en la década anterior. Fue despedido con un sepelio multitudinario.

Dato de interés

En 1936 es electa la primera mujer asambleísta municipal en la figura de Eduvigis Céspedes de Criado. Habiendo renunciado a su escaño, es sustituída por Virginia Negrón, quien asume el cargo en 1937.

---

[86] Primera mujer en ser electa a la Asamblea Municipal
[87] En algunos documentos aparece como Eduviges
[88] Comisión Estatal de Elecciones
[89] Libro de Actas Número 7, Legislatura Municipal de Villalba

Manuel Negrón

Manuel Negrón fue electo alcalde en las elecciones generales de 1936 en representación del Partido Liberal.

Otro de los líderes que marcó la década fue don Manuel Santana. Fue electo a la Cámara de Representantes en las elecciones generales del '36. Antes de eso se había desempeñado como presidente de la Junta Local de la Asociación de Agricultores de Puerto Rico, Comisionado de Beneficencia, miembro del Consejo de Administración, presidente de la junta local de la Cruz Roja Americana y de la junta local del Servicio Selectivo.

Manuel Santana fue uno de los líderes que, no solo marcó la década de los '30, sino varias décadas de la historia del pueblo. Fue político, líder cívico y un exitoso comerciante. En la foto, Santana aparece en una tierna estampa familiar. Foto cortesía de Víctor Santana.

Al igual que durante las dos décadas anteriores, Walter M^{c}K Jones es el ciudadano villalbeño más prominente, tanto en los círculos nacionales como federales. A principios de la década se convierte en miembro fundador del Partido Liberal Puertorriqueño. También en una de las personas más cercanas al histórico líder Antonio R. Barceló, quien en ocasiones utiliza la Hacienda Limón como refugio y cuartel político. Hasta el Limón también llega un joven Luis Muñoz Marín, con quien M^{c}K Jones viajaría y compartiría en múltiples ocasiones en la capital federal para lograr proyectos como el Plan Chardón, la PRERA y PRRA, entre otros.

A mitad de la década se convierte en *National Committeeman* del Partido Demócrata y en 1936 es seriamente considerado como candidato a Comisionado Residente de Puerto Rico en Washington por el Partido Liberal. Ya establecido fuera de Puerto Rico durante el transcurso de la década, ayuda a formar el Comité de Justo Trato para Puerto Rico, como parte de la Unión Americana de Libertades Civiles. Además, fue pieza fundamental en el proceso que dio como resultado la salida de Blanton Winship como gobernador, cuya administración fue altamente fiscalizada por M^{c}K Jones.

Planes para envenenar a Winship en Villalba

Los años '30 fue una década políticamente tumultuosa. Tanto así, que en Villalba se planificó el magnicidio del malamente recordado gobernador Blanton Winship. Su administración fue duramente fiscalizada por Walter M^{c}K Jones, quien promovió un proceso congresional que provocó la salida de Winship.

Las obras de la década

A pesar de haber sido una década de gran precariedad económica, los años '30 dejaron para Villalba una serie de obras de infraestructura y de desarrollo socioeconómico que marcaron la época. La más importante de estas, las mejoras a la central hidroeléctrica y la represa del embalse Guayabal. También se estableció un pequeño hospital, se traslada la alcaldía y se

89

establece una unidad de salud pública en el Hotel Toro Negro, se crea el Negociado de Acueductos y se inicia un proyecto de eliminación de arrabales.

Los deportes en la década de los '30

Villalba ha sido cuna de grandes atletas desde los años de la fundación. Para 1930 y su década, destacaban en el atletismo Justo (el Ford) Mercado, Francisco (Ico) Rivera, Juan (Guingo) Zaragoza y Manolín Díaz[90]. Raúl Negrón Guzmán hacía lo propio en el levantamiento de pesas[91].

En 1936 se llevaron a cabo las Primeras Olimpiadas Puertorriqueñas. El único villalbeño en participar lo fue Antulio Pietri, quien compitió en Tiro de la Pesa, en Tiro del Disco y en Tiro del Martillo[92].

El béisbol continuó durante esta década como astro de los deportes. Agenor Berríos (padre) organizaba actividades deportivas relacionadas con éste y otros deportes en el transcurso de esta década[93]. También se organizaban juegos de béisbol desde la escuela M^{c}K Jones[94].

De entre todos los jóvenes que se acercaban a jugar béisbol destacaban los siguientes: Pablo Laboy, Miguel Zaragoza, Charles Graciani, Carlos Negrón, Orlando Rivera, Libertad Santos, Edward Negrón, Ángel (Chacho) Torres, Juan (Guingo) Zaragoza, José Luis Torres, Esteban Pérez, Jorge Sánchez, Rafael Sanguinetti, Luis González, Ángel Rivera, José Rosario, Milton Ralat, Millito Meléndez, Pablo Torres y Manuel Díaz, entre otros. Todos ellos también jugaban softbol.

Otro deporte muy practicado para esta década fue el voleibol. Una vez más, son los predios de la escuela M^{c}K Jones los que acogen a los jóvenes villalbeños que incursionan en la disciplina deportiva. Se practicaba de forma masiva[95].

Entre los jugadores más destacados se encontraban: Santos Crescioni, Héctor Zayas, Manolín Santana, Francisco Zayas, Orlando Rivera, José L. Torres, Carlos Negrón, Confesor Rodríguez, Juan de Dios Vila, Carlos Sánchez, Eduardo Durkin y Carlos Luis Zayas.

---

[90] Marrero, en *A orillas del río Jacaguas*; pág. 315 y siguientes
[91] Compitiendo para el Colegio de Agricultura y Artes Mecánicas de Mayagüez.
[92] El Mundo, 15 de junio de 1936
[93] Ídem
[94] De acuerdo con Marrero (1996), Eduardo Emanuel era un principal de escuelas que inspiró y motivó a los jóvenes a practicar este deporte.
[95] Marrero, en *A orillas del río Jacaguas*; pág. 380

Los terrenos de la escuela M^cK Jones sirvieron como parque de béisbol para los niños y jóvenes de las décadas de los años '30 y '40. Esta foto publicada en redes sociales por Willie Negrón muestra a unos muy jóvenes Eduardo y Enudio Negrón, Mero Díaz y Junior Zaragoza en plena faena en aquellos años.

Nace la Iglesia de Dios Pentecostal

Al culminar la década, se origina la primera Iglesia de Dios Pentecostal villalbeña, cuando el Rvdo. Rafael Santini llegó desde Coamo a predicar en el sector Apeaderos[96], logrando la conversión de varias familias residentes de la comunidad. Entre estos, la familia de don Antonio (Toño) Colón, cuya vida se transformaría dramáticamente. Allí, en Apeaderos, fundó la primera congregación pentecostal villalbeña, en 1939. Comenzaba así una obra evangelizadora que permitiría la eventual fundación de otras congregaciones en diversos sectores de Villalba.

◄ Don Antonio (Toño) Colón Rentas, pionero de la obra evangelizadora de la Iglesia de Dios Pentecostal en Villalba.

---

[96] Rosario-Natal, 1996

91

Villalba en la década de 1930. Foto cortesía de Ramonita Martínez Santiago. En primer plano, la escuela Walter M^cK Jones y la calle Muñoz Rivera. Al fondo puede apreciarse la central azucarera.

Gracias a los fondos de la Agencia para la Reconstrucción de Puerto Rico (PRRA), la Central Hidroeléctrica Toro Negro recibió una asignación que le permitió ampliar su producción de energía eléctrica a principios de la década de los '30. (Foto de la Biblioteca Digital Puertorriqueña)

A principios de la década de los años '30, McK Jones y su esposa incurren en deuda con el Banco de Ponce, sirviendo la Central Juliana como colateral. Poco después el banco la adquiere y pasa en venta a la familia Semidey, que la rebautiza como Central Herminia. (Cortesía de Daniel Santos)

◄ Los alrededores de la Central Juliana (posteriormente Central Herminia) servían como lugar de encuentro de los jóvenes de Villalba para practicar béisbol. En la foto, dos jóvenes juegan, mientras puede apreciarse al fondo los talleres de la central y los garajes del hotel. Foto cortesía de Domitilo Negrón.

◄ Actual carretera 151, sector La Vega. Este era un sembradío de caña, con una carretera principal en tierra que conducía hasta el sector Limón. La joven de la foto es Graciela Laffitte. Foto cortesía de Domitilo Negrón.

BARCELO DE REGRESO EN VILLALB.'

Recibe la visita de numerosas comisiones

El presidente del partido liberal don Antonio R. Barceló, después de recorrer todos los pueblos de la isla en gestiones políticas regresó ayer a su retiro de Villalba donde se propone descansar varios días Probablemente no regresará a San Juan hasta fines de semana.

Los informes que tenemos son de que en Villalba el señor Barceló está constantemente recibiendo comisiones de la isla que van a conferenciar con él respecto a la situación política del momento y en particular sobre la próxima asamblea extraordinaria del partido en la cual se resolverá en definitiva si dicha colectividad va al retraimiento o si ha de participar en las próximas elecciones generales.

◄ En los años '30, Villalba se convirtió en "refugio" de una de las figuras más prominentes de la vida política puertorriqueña: Antonio R. Barceló. La relación personal de Barceló y Walter M^{c}K Jones era tan cercana, que la Finca El Limón pasó a convertirse en el lugar de retiro de quien fuera el primer presidente del Senado de Puerto Rico, líder del Partido Unión y fundador del Partido Liberal Puertorriqueño. Barceló hizo de Villalba parte importante de sus actividades y reuniones políticas. También acostumbraba a pasar algunas semanas al año en la finca Divisoria, propiedad de don Ángel Figueroa Reyes (Imagen: *El Mundo*, 15 de julio de 1936).

94

El balance de la década

Los años '30 fueron una época de inmensa dificultad económica para Puerto Rico. Pero las crisis no son sino oportunidades para crecerse ante la adversidad. Así lo hicimos. En gran medida, gracias a las iniciativas del Nuevo Trato, el plan de desarrollo y recuperación económica del presidente Franklin Delano Roosevelt.

En Puerto Rico, las iniciativas del Nuevo Trato se dieron principalmente a través del Plan Chardón, la *Puerto Rican Emergency Relief Administration* (PRERA) y la *Puerto Rico Reconstruction Administration* (PRRA). Iniciativas que le permitieron a Villalba desarrollar proyectos socioeconómicos y de infraestructura que le ayudaron a enfrentar los retos de la época, creando empleos y desarrollo socioeconómico.

Los '30 también fueron los años en que Walter M^{c}K Jones alcanzó mayor relevancia política a nivel nacional y federal. Se convirtió en delegado permanente del Partido Liberal Puertorriqueño en Washington[97], solventando las actividades de Luis Muñoz Marín, Ruby Black y el Partido Liberal en territorio federal. Fue electo National Committeeman del Partido Demócrata en el '36 y fue aliado del presidente Roosevelt en sus campañas electorales.

Esta también fue la década en la que la mujer comenzó a ocupar espacios en la política. En 1935 se reconoció el derecho universal del voto a la mujer puertorriqueña. Al año siguiente, Eduvigis[98] Céspedes de Criado se convirtió en la primera mujer en ser electa a la Asamblea Municipal[99].

Dato de interés

En 1932, Walter M^{c}K Jones traslada su residencia al estado de Virginia, por lo que el Partido Liberal le designa como su Delegado Permanente en Washington. Desde entonces solventó las operaciones políticas que dieron como resultado proyectos como el Plan Chardón, la PRERA, la PRRA, entre otras iniciativas que le permitieron a Puerto Rico enfrentar los difíciles años '30.

---

[97] M^{c}K Jones se vio obligado a trasladarse a vivir a los Estados Unidos poco después de las elecciones de 1932. Aun así, se mantuvo activo en la defensa de los intereses de los puertorriqueños, especialmente de sus compueblanos villalbeños.
[98] También conocida como Ediviges
[99] Comisión Estatal de Elecciones

Foto no fechada en la que pueden distinguirse algunas personas que influyeron en nuestra vida colectiva en el transcurso del siglo XX. Aparecen, por ejemplo, Cristina Martínez, Gregorio Durán, Ismael Cervoni, Práxedes Luna, Bobó Marrero, Manolín Díaz, Pablo Collazo, Vicente Mercado y Efraín Suárez Negrón, Víctor Miranda, entre otros.

◄ Hasta mediados de los '40, los villalbeños se veían obligados a estudiar escuela superior fuera de Villalba. En la foto, equipo de Voleibol de la Ponce High. Algunos villalbeños son: Eduardo Negrón, Rafael Sanguinetti, Carlos Negrón, Enudio Negrón, Ángel (Chacho) Torres y Francisco (Ico) Rivera. Foto publicada en redes sociales por Eduardo Negrón.

96

Capítulo **4**
Los años '40

Resumen

La década de los años '40 estuvo marcada por grandes cambios con respecto a las décadas anteriores. En términos políticos surge el Partido Popular Democrático, cuyo mandato habría de extenderse por los próximos veintiocho años.

Cierra de manera definitiva la Central Herminia. Los villalbeños son llamados a combatir en la Segunda Guerra Mundial.

Se construye la casa alcaldía.

El movimiento cooperativo se solidifica y se desarrolla como modelo socioeconómico. Villalba se convierte en el corazón del cooperativismo en Puerto Rico.

Inicia el nivel superior en el sistema de instrucción pública en Villalba

Se desarrolla un alto nivel en el deporte, mientras que en el arte y la cultura la década se presenta con grandes promesas.

Fallece Walter M^{c}K Jones y sus restos mortales son trasladados a Puerto Rico

Algunos datos sociodemográficos

Para 1940 había en Villalba un total de 12,871 personas. Representaba básicamente la misma cifra del censo de 1935 (12,867), pero un aumento de más de mil habitantes con respecto a 1930. Del total de habitantes, 6,579 eran varones, mientras que 6,292 eran mujeres. La inmensa mayoría era nativa, pues tan solo 8 personas estaban registradas en el censo como nacidas fuera de la isla.

De la población total, más de un 16% tenía para entonces menos de cinco años de edad. 3,513 se encontraban en un rango de entre cinco y catorce años. Es decir, que más del 43% de la población villalbeña para 1940 tenía menos de quince años de edad. 3,725 personas (29% de la población) se encontraban en un rango de entre 15 y 29 años de edad. Cerca del 17% de la población estaba en un rango de edad de entre 30 y 49 años. En el rango entre 50 y 64 años de edad había un total de 818 personas (6.3%) y tan solo 519 personas tenían 65 años o más.

Solamente el 33% de la población apta para acudir a la escuela lo hacía (1,716 estudiantes de entre 5 y 20 años, de una población total de 5,159 en este rango). El 60.5% de la población mayor de 10 años de edad sabía leer y escribir. Casi un 10% de esa misma población sabía hablar y/o leer en inglés.

2,152 personas se dedicaban a la agricultura, lo que representaba casi un 60% del total de trabajadores. 40 personas se dedicaban a la construcción y 853 a la manufactura. De estas últimas, 730 eran mujeres y 123 eran varones. 177 varones y 28 mujeres se dedicaban al comercio al por mayor o al detal.

Barrio	Población
Pueblo	834
Caonillas Abajo	1235
Caonillas Arriba	1605
Hato Puerco Abajo	949
Hato Puerco Arriba	1647
Vacas	1849
Villalba Abajo	1453
Villalba Arriba	3299

La economía villalbeña en los '40

Superada la crisis de los '30, los años '40 se presentan con mejores aires para la economía. Contrario a los 85 negocios existentes en los primeros años de la década anterior, a principio de los '40 sobrepasaban los 140. El aumento poblacional también es reflejo de una mejoría económica y la oportunidad de desarrollo[100]. Se solidifican los negocios criollos y sobresalen comerciantes como Bernardo Negrón, quien incluso acuña una especie de moneda de intercambio conocida como *token*. Los grandes emporios no corren igual suerte, como la Central Herminia, que cierra operaciones en 1947.

En auge el cooperativismo

A finales de la década anterior, se estableció en Villalba un modelo cooperativista mediante el cual los agricultores se unificaron para emprender. Solo les tomó pocos años desarrollar el modelo y diversificarlo. Fue así como a principios de los '40 Villalba ya era conocido como capital del cooperativismo puertorriqueño.

En 1943, la Cooperativa de Productores de Vegetales crea una división de consumo. Más bien se trataba de una pequeña tienda en el interior del local de la cooperativa. Al aprobarse la Ley General de Sociedades Cooperativas en 1946, la tiendita pasó a ser la Cooperativa de Consumo. Comenzó con un total de 140 socios[101]. Las ventas de su primer año en funciones (cuando aún era tan solo una tiendita en el interior de la cooperativa de cosechos) sobrepasaron los trescientos cincuenta mil dólares. También se crea la Cooperativa de Ahorro y Crédito, incorporada el 20 de noviembre de 1947 (Registro número 12[102]), bajo el liderazgo principal de Agustín Burgos Rivera y Víctor Miranda[103].

La década y sus líderes

La década de los años cuarenta representó un tiempo de desarrollo político y cívico extraordinario para Villalba. En términos políticos y administrativos, la década comienza con la elección de Luis Zayas como alcalde; el primero en ser electo bajo la insignia del Partido Popular Democrático. Con él iniciaron 28 años de gobierno ininterrumpido de aquel movimiento político. Junto con él, en 1940 fueron electos los siguientes asambleístas municipales: Modesto

---

[100] Pérez (2019) señala: "La mayoría de estas personas (personas que emigraron de otros municipios para radicarse en Villalba) provenían de Juana Díaz, Orocovis, Ciales, Ponce y Jayuya. Estas estadísticas muestran que las personas que habían emigrado de estos pueblos del centro veían a Villalba como un lugar con buenas oportunidades de empleo"; pág. 160.

[101] López, 2007: pág. 353

[102] Departamento de Estado de Puerto Rico

[103] *Villalba, centro floreciente y ejemplar del cooperativismo* (1964)

Luis Zayas

Electo alcalde en 1940, el primero en representación del Partido Popular Democrático. Había ocupado el puesto mediante designación entre 1926 y 1928. Luego de su elección en el '40, ejerció el cargo hasta 1946.

Meléndez, Luis Rodríguez, Práxedes Luna, Pedro Santiago Fortier, Francisco Zayas Morales, Ángel Torres y María Rodríguez. Zayas es reelecto en el '44. También son electos Efraín Suarez, Ramón Rodríguez, Carmen Zayas, Francisco Torres, Eladio León y Aurelio Guzmán[104]. Zayas renuncia al cargo en noviembre de 1946.

Efraín Suárez, hasta entonces asambleísta municipal, asume las riendas del municipio. Es reelecto en las elecciones de 1948. Junto con él, Víctor Toledo, Agenor Berríos, Catalino Torres, Francisco Cervoni, Eladio Cintrón, Ernesto Rivera, Julia Torres de González, Fermín Colón y Tomás Zayas son electos a la Asamblea. Suárez es electo en el '52. Como asambleístas fueron electos Mario Nevares, Víctor Miranda, Pedro Juan Marrero, Ana María Rodríguez, Gregorio Durán, Ernesto Rivera, Santiago Rodríguez y Virgilio González[105].

También durante esta década reanuda su carrera política el líder cooperativista Agustín Burgos Rivera, quien en 1944 es electo a la Cámara de Representantes y en 1948 es electo al Senado de Puerto Rico. Burgos Rivera utilizó todo el bagaje acumulado y se convirtió en la persona más influyente de la política villalbeña durante ésta y la próxima década.

---

[104] Luna, Torres y María Rodríguez fueron reelectos.
[105] Julia Torres de González es reelecta.

Efraín Suárez Negrón

Electo alcalde en 1946 para sustituir en el cargo a don Luis Zayas. Ejerció el cargo durante diez años. Durante su incumbencia se construyó e inauguró la casa alcaldía, se estableció el nivel superior en la escuela M^{c}K Jones y se gestionó la inclusión de Villalba en el programa de vivienda pública, entre otros logros.

La casa alcaldía

Desde los años de la fundación, las administraciones municipales se habían sucedido con la aspiración de una sede permanente que albergara la casa alcaldía. Hasta entonces las administraciones habían trabajado desde casas alquiladas, locales prestados o se habían establecido de manera temporera en diversos lugares del pueblo.

No es sino hasta 1948, bajo la incumbencia de Efraín Suárez Negrón como alcalde, que se hizo realidad el sueño de una sede permanente para la administración municipal.

El proceso comenzó formalmente a finales de 1945 bajo la incumbencia de Luis Zayas como alcalde. Los planos y otros aspectos administrativos y de planificación se completaron en 1946. En 1947 se formalizó el contrato de construcción con el ingeniero ponceño Félix Leoncio Albizu. La cantidad asignada al proyecto fue de $38,230.78.

La construcción tardó menos de un año. En febrero de 1948 la administración municipal aceptaba del contratista el nuevo edificio, que desde entonces alberga nuestra casa alcaldía.

101

Fallece M^cK Jones

El 10 de enero de 1944 fallece en Washington el entusiasta que hizo posible transformar a Villalba de una aldea a un municipio: Walter M^cK Jones. Su último pensamiento fue para el pequeño pedazo de tierra que había convertido en parte de su más íntimo ser. Junto a él, el amor de su vida, Helen Buchanan, a quien le pidió como última voluntad ser cremado para que sus cenizas fueran esparcidas en la Finca Limón.

El 21 de marzo de 1944, la Cámara de Representantes rindió honores a M^cK Jones mediante una sesión especial, en la que representantes de todas las fuerzas políticas del país hicieron expresión de sentido duelo. Al día siguiente, los restos mortales fueron trasladados a Villalba. Desde entonces, sus cenizas descansan en el interior de una campana en la campiña villalbeña.

◄ La noticia del fallecimiento de Walter M^cK Jones tuvo relevancia a nivel nacional. M^cK Jones murió en Washington, pues residía en el cercano estado de Virginia desde mediados de los años '30.

La escuela superior

Hasta los años '40 los estudiantes villalbeños que quisieran completar la escuela superior se veían obligados a viajar a Ponce. En 1947 se presentó a licitación un proyecto para expandir la escuela Walter M^cK Jones, agregando cuatro salones[106]. Los fondos para construir se pusieron a disposición a través del "Programa de Construcción de Escuelas para 1946-47". Las cuatro nuevas aulas se adjuntaron a la propiedad original en un edificio de dos pisos

---

[106] AGPR, Fondo: Obras Públicas; Serie: Edificios Escolares, Caja 1204, Legajo 350, Exp. 1. Anuncio de subasta, 7 de marzo de 1947, División de Obras Públicas del Departamento del Interior / Carta del Comisionado del Interior a Louis Sturcke, Jr., 7 de febrero de 1947.

cuyo pasillo de circulación estaba vinculado a los pasillos porticados originales para garantizar la continuidad del flujo de la escuela. Los baños y las escaleras se incluyeron en una disposición simétrica. Los planes fueron preparados por el Departamento del Interior, siendo el comisionado Jesús Benítez Castaño. Los contratistas fueron José Correa Álvarez y Carlos V. Cabiya.

La primera clase graduanda de cuarto año de escuela superior en Villalba fue la del año escolar 1948-49. Fue su presidente Andrés Pérez Muñiz, iniciándose así un nuevo fenómeno socioeducativo: nuestras clases graduandas de escuela superior.

En 1949, la icónica escuela Walter M^{c}K Jones celebró sus primeros actos de graduación de escuela superior.

Dato de interés

La escuela Walter M^{c}K Jones forma parte del Registro Nacional de Edificios Históricos del Departamento del Interior de los Estados Unidos. Desde mediados de los años '20 había albergado los sueños del estudiantado, pero solo hasta completar la escuela primaria. Para completar los grados secundarios era preciso trasladarse fuera de Villalba, hasta que se añadieron nuevas aulas a la escuela M^{c}K Jones como parte del Programa de Construcción de Escuelas.

Ejercicios de Graduación
de la
ESCUELA
WALTER Mc K. JONES
de
VILLALBA, PUERTO RICO

Primera Clase Graduanda
de Cuarto Año

1948-1949

Primera clase de cuarto año

Los ejercicios de graduación de la primera clase graduanda de cuarto año en Villalba se llevaron a cabo a las ocho de la noche del 25 de mayo de 1949 en el salón de actos de la escuela Walter McK Jones. Andrés Pérez Muñiz fue el presidente. A la izquierda, recordatorio original de la invitación a los actos, publicada en las redes sociales por Carmen Milagros Torres Díaz.

Teatro TORO NEGRO
VILLALBA, PUERTO RICO

Martes   Enero 13
La colosal serie:
LA MONEDA ROTA - Episodios 1 y 2.
con Dave O'BRIEN
y un drama de acción.

Jueves   Enero 15
Venga a reir y a gozar con
MICKEY ROONEY
en
La Comedia Humana

Sábado   Enero 17
Episodios 3 y 4 de
AVENTURAS DE LOS AGUILUCHOS
Además drama de acción y Noticiero.

Domingo   Enero 18
La extraordinaria película de espionaje
Aventuras De Tartú
con Robert Donat y Valerie Hobson.

Precios para toda la Semana
Mayores.... 20c. - Tax 4c...... Total 24c.
Niños........ 15c. - Tax 3c...... Total 18c.

Imprenta FORTUNO—Calle León N° 8, Ponce, P. R.

◄ El Hotel Toro Negro sirvió durante la década de los años '40 como espacio para la proyección de películas. No se trataba propiamente de un cine, pues el uso principal del establecimiento era hotelero. Sin embargo, fue precursor de esta industria que se establecería propiamente como tal en la década siguiente. Foto cortesía de Domitilo Negrón.

104

Los deportes en los '40

Desde finales de los años '30 se venían perfilando extraordinarios deportistas que llenarían de gloria a Villalba. Los terrenos aledaños a la escuela M[c]K Jones continuaban sirviendo de parque de béisbol. Para el segundo lustro de la década Villalba tenía un equipo aficionado compuesto (entre otros) por Edwin Durkin, Minito Rodríguez, Wiltre Pons, Carlos Negrón, Enudio Negrón, Ico Rivera, Luis González, Rafael Sanguinetti y Esteban Pérez[107]. Para finales de los '40, el equipo villalbeño de béisbol era conocido como *Lions* de Villalba (Leones de Villalba). Estaba dirigido por Esteban Pérez y respaldado administrativamente por Celestino (Totó) Marrero[108], Félix Toledo y Francisca (Chita) Martínez.

Foto publicada en redes sociales por Willie Negrón, en la que aparecen los hermanos Eduardo y Carlos Negrón (hijos del exalcalde Bernardo Negrón Rodríguez), primeros villalbeños en jugar Doble A, con los Poetas de Juana Díaz (1949).

Harold Rivera, Yuyín Pérez y Carlos Maestre se especializaban en salto con garrocha (pértiga). Mientras, se instalaba la primera cancha de baloncesto, en la residencia del senador Agustín Burgos. También fueron instalados aros de baloncesto en la plazoleta de baile del Hotel Toro Negro, así como en los

---

[107] López, 2007
[108] Celestino (Totó) Marrero es recordado como uno de los más influyentes propulsores del béisbol villalbeño de todas las épocas.

105

terrenos pertenecientes a la familia Criado. Aunque la cancha era en tierra, sí tenía las medidas reglamentarias. Con respecto a la práctica del voleibol, ésta se mantuvo casi intacta con respecto a la década anterior.

El arte y la cultura

Para los '40, Villalba comenzó a destacar en el arte y la cultura. Una de las figuras emblemáticas que despuntó en la música fue Sara Laffitte, conocida como "la alondra villalbeña". En 1947, el *Diario de Puerto Rico* publica: *Villalba siente orgullo de su Sara Laffitte Negrón. De esta simpática y atractiva muchacha que empieza a consagrarse como artista. Como artista de múltiple personalidad... La ciudad entera la admira, la quiere, la respeta. Sara nació para el arte. Habla con arte, se ríe con arte y tiene arte en su rítmico andar*[109].

De su parte, la Revista Germinal Radiolandia, expresa sobre ella: *Es delicada y culta. Su cabello es reluciente como un pálido rayo de sol mañanero. Sus ojos tienen la belleza y claridad de los lagos tropicales. Su voz es acariciante como un susurro de brisa primaveral. Su cuerpo esbelto, con toda la gracia de nuestras bellas paisanas.* Sara, además de cantante, es compositora. Su canción más conocida, *Sweet Recall*, es publicada en 1948 por la *Important Poets & Songwriters*. La composición está registrada en la Biblioteca del Congreso, con música de Lee B. Browne.

Otro de los villalbeños cuya estrella comienza a brillar durante esta década lo es Raúl Marrero. Si bien había comenzado a cantar a los diez años de edad (en la década anterior), no fue sino hasta los '40 cuando grabó su primer disco junto al Trío Los Continentales. Tenía dieciocho años de edad[110]. Se trasladó muy joven a los Estados Unidos y desde allí recorrió Los Ángeles y México, donde permaneció por algunos años.

También comenzó su carrera una villalbeña nacida por accidente fuera de nuestro lar. Elsa Mirada, cuya familia es oriunda de Villalba y cuya juventud pasó en nuestro suelo, comenzó a ascender en el firmamento artístico temprano en la década de los '40. Se convirtió en una estrella. Grabó junto a la orquesta de Desi Arnaz y se presentó en gira por Estados Unidos y Latinoamérica. Colaboró con el director italiano-estadounidense Alfredo Antonini y la Orquesta Pan American en el programa Viva América de la cadena CBS en la ciudad de Nueva York. Fue una de las más populares modelos del concurso "Miss Chiquita Banana", por lo que hizo varias apariciones fílmicas en países como México y Argentina, así como comerciales y eventos junto a Arthur Fiedler y la *Boston Pops Symphony Orchesta* durante 1945 y 1946.

---

[109] Rosado Sanabria, en Revista Maratón (1985; pág. 51)
[110] Pérez, 2019

Elsa Miranda

◄ Portada de la revista cubana Radiomanía de su edición de septiembre de 1946. Elsa Miranda tenía muy arraigadas sus raíces villalbeñas, sobre todo porque aquí se encontraba su familia y sus mejores amistades. Ella conquistó los medios de comunicación de Latinoamérica y participó de varias producciones cinematográficas. (Ejemplar cortesía de Domitilo Negrón)

Foto no fechada de un conjunto musical compuesto, entre otros, por Luis Ríos, Eladio Díaz y Nicolás Díaz.

107

La escuela Walter M^{c}K Jones en la década de los '40.

Protagonistas de la década. De izquierda a derecha: Agustín Burgos Rivera, Manuel Santana, Miguel Criado, Efraín Suárez, Antonio (Toño) Torres y Gregorio Durán. Foto cortesía de Agneris Guzmán.

La aspiración de un edificio permanente de Casa Alcaldía se logró bajo la administración del alcalde Efraín Suarez Negrón, en la década del '40 (Foto posterior, cortesía sucesión Rafita Rodríguez).

Guardia Estatal de Villalba participando en un desfile en Coamo. Aparecen, entre otros, Víctor Miranda, Carlos Negrón, Nilda Rivera, Eduardo Negrón y Sara Laffitte. Foto publicada en redes sociales por Willie Negrón.

El gobernador Jesús T. Piñero visita Villalba durante el segundo lustro de la década, acompañado del entonces representante Agustín Burgos Rivera. También aparece en la foto el oficial de Policía Zoilo Colón. Foto cortesía de Agneris Guzmán.

Matrícula de la Guardia Estatal de Villalba, reunidos en las inmediaciones de la escuela Walter M^{c}K Jones. Foto cortesía del Archivo Histórico de Villalba.

◄ Vista aérea de Villalba a principios de la década de los años '40.

▼ Dos jóvenes villalbeñas comparten en la plaza pública del Villalba de los años '40.

◄ Esteban Pérez, en la foto con su uniforme militar, fue un destacado deportista que en los años '40 se dedicó apasionadamente al béisbol. Dirigió el equipo de Villalba Lions.

El balance de la década

Durante la década de los años '40, Villalba comenzó a experimentar grandes cambios que le catapultarían hacia el futuro como un pueblo dispuesto al crecimiento y el progreso. No cabe duda de que la economía mejora con respecto a la situación vivida en los difíciles años '30. El cooperativismo se ve en auge y se establece más de una iniciativa cooperativista. Villalba pasa a ser conocida como cuna y capital del cooperativismo puertorriqueño. Se multiplican los comercios locales, lo que da paso a nuevos desarrollos y proyectos públicos y privados.

Es, además, una década fructífera para el arte y la cultura. Es la época en que nace "la nueva estrella de la canción", como le llama la prensa a Sara Laffitte; la época en que despunta Raúl Marrero y en que alcanza el pináculo de su carrera Elsa Miranda.

Los '40 también son los años del cambio político; son los años de la hegemonía del Partido Popular Democrático. Es la década en que se construyen nuevos cimientos: una casa alcaldía permanente y definitiva; la escuela superior en la Walter M^{c}K Jones; los proyectos agrícolas y el desarrollo de programas de justicia social.

Es la década en que el béisbol se organiza como rey del deporte y nuestros jóvenes promesas comienzan a tomarlo en serio y a destacarse en todos los niveles. Es la época en que descubrimos el baloncesto como alternativa. Pero sobre todo, los '40 son los años en que brilla la esperanza. Hay un futuro brillante por delante.

Capítulo 5
Los años '50

Resumen

La década de los '50 significó un tiempo de crecimiento para Villalba. No solo la población aumentó en más de un quince por ciento con respecto a la década anterior, sino que la economía se diversificó y el crecimiento económico se hizo palpable.

Se lleva a cabo la Convención Constituyente y Agustín Burgos Rivera es electo como Delegado a la Convención, convirtiéndose en el único villalbeño en participar de la redacción de la Constitución de Puerto Rico. A mitad de la década un cambio en la administración municipal catapultó a Félix Luis Hernández, hasta entonces un reconocido líder sindical, como líder indiscutible durante las siguientes dos décadas.

Se funda la Cooperativa de Ahorro y Crédito de las Asociaciones Parroquiales de Villalba (hoy Parrocoop)

Abre sus puertas el Teatro Negrón, un icono de la cultura popular.

Nace el Club de Leones de Villalba, institución de carácter internacional que demuestra en nuestro pueblo un compromiso ineludible con el servicio comunitario.

Sara Laffitte adquiere fama nacional junto a la orquesta de Mingo y sus Whoopee Kids. Le apodan "la alondra villalbeña".

Algunos datos sociodemográficos

La población villalbeña para la década de 1950 era de 14,972 personas. De este total, 7,712 eran varones, mientras que 7,260 eran mujeres. Esto significó un aumento poblacional de 16.3% con respecto a la población reportada en la década anterior. Había 2,758 niños menores de cinco años de edad; 2,301 entre las edades de 6 a 9 años; 1,985 entre las edades de 10 a 14 años y 1,454 entre las edades de 15 a 19 años.

La población de entre 20 a 39 años se encontraba en 3,878 personas; 974 estaban entre los 40 y los 49 años; 1,071 personas se encontraban entre 50 y 64 años de edad. Tan solo el 3.7% de la población era mayor de 65 años. 4,170 personas formaban parte de la fuerza laboral. 67.2% de la población mayor de 10 años de edad sabía leer y escribir.

El ingreso promedio era de 264 dólares. El 25% de la población mayor de catorce años no tenía ingresos.

Barrio	Población
Pueblo	1499
Caonillas Abajo	917
Caonillas Arriba	1718
Hato Puerco Abajo	901
Hato Puerco Arriba	2328
Vacas	2119
Villalba Abajo	1757
Villalba Arriba	3733

Fuente: Negociado del Censo

Dato de interés

Para 1950, la población en Villalba aumenta un 16% con respecto a la década anterior. Este aumento apunta a la recuperación económica, habiéndose superado los difíciles años '30 y '40.

114

Agustín Burgos Rivera

Político, líder cívico, conocido como fundador del movimiento cooperativista, representante a la Cámara, senador y miembro de la Convención Constituyente de 1952. Es el líder político villalbeño más relevante de su época.

El liderato de la época

La década de los '50 le dio continuación al grupo de líderes que se levantaron como tal en la década anterior. Efraín Suárez Negrón permaneció como alcalde, luego de ser confirmado por el electorado en 1948 y reelecto en las elecciones generales de 1952. Junto a él, fueron electos a la Asamblea Municipal: Víctor Miranda, Mario Nevárez, Pedro Juan Marrero, Ana María Rodríguez, Gregorio Durán, Ernesto Rivera, Santiago Rodríguez, Virgilio González y Julita Torres de González.

Cuatro años más tarde, el liderato del Partido Popular decide dar paso a la renovación de su liderato. En 1956, Félix Luis Hernández es electo como alcalde, mientras que Víctor Miranda, Serafín Rivera, Ángel Torres, Gregorio Durán, Alfredo Guzmán, Luis Zayas, Manuel Díaz, Pedro Juan Marrero y Gregorio Mercado son electos a la Asamblea Municipal.

Una vez más, Villalba se destaca en la legislatura. Agustín Burgos Rivera, quien la década anterior fuera electo a la Cámara y posteriormente al Senado, se convierte en la figura política más relevante de la época. En 1951, los puertorriqueños seleccionaron a los hombres y mujeres que pasarían a formar parte de la Convención Constituyente. Estos tendrían a su cargo la redacción de la Constitución del Estado Libre Asociado.

Burgos pasó a ser el único villalbeño en formar parte de los trabajos de la constitución. En 1952 y 1956 fue reelecto al Senado de Puerto Rico.

Félix Luis Hernández

Electo alcalde en las elecciones generales de 1956. Sustituye en la Alcaldía a Efraín Suárez Negrón. Su experiencia como líder sindical y su conexión con la gente le convirtió en uno de los alcaldes de mayor arraigo del siglo XX. Ejerció el cargo durante 16 años.

La obra más significativa en esta década

Los años '50 sirvieron para asentar las bases de las próximas décadas. Se planifica e inician proyectos de vivienda tales como La Vega y Villa Alba. Se incluye a Villalba en el listado de proyectos de vivienda pública, lo que da como resultado el residencial Efraín Suárez. Se gestiona el establecimiento de importantes sectores de la economía, como el Banco Popular. Se amplía el cementerio municipal.

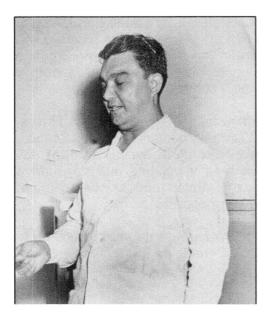

Víctor Miranda

Líder político y cívico. Electo por primera vez a la Asamblea Municipal en 1952. Presidió el cuerpo legislativo municipal, tanto bajo la administración de Efraín Suárez Negrón como de Félix Luis Hernández.

116

La cooperativa de ahorro y crédito de la Iglesia Católica

En 1955, el Rvdo. Padre Salvador Ruffolo, párroco de la Iglesia Católica, junto a los principales líderes de las asociaciones parroquiales, organizaron un movimiento cooperativo que dio como resultado la Cooperativa de las Asociaciones Parroquiales de Villalba. Popularmente, la institución se conocía como "el banquito de la iglesia".

En total, 33 pioneros se asociaron para comenzar el novel proyecto. La primera Junta de Directores estuvo compuesta por don Rafael Hernández (presidente), don Santiago Rodríguez (vicepresidente), don Emilio Alvarado (tesorero), don Marcos Morales (secretario), don Matilde Laboy (vocal), don Julio Morales (vocal), don Pedro Blanco (vocal) y don Antonio Torres (vocal)[111]. Continuaba creciendo de esta manera el movimiento cooperativista que haría de Villalba la cuna del cooperativismo puertorriqueño. El "banquito" prosperó y se convirtió en aquella y las siguientes décadas, en una de las instituciones de mayor prestigio en la sociedad villalbeña.

Se une así a la *Villalba Credit Union* (Cooperativa de Ahorro y Crédito de Villalba, hoy VillaCoop), incorporada en la década anterior, para atender las necesidades económicas de los villalbeños.

¡El cine!

A principios de la década abre sus puertas uno de los establecimientos comerciales que mayor influencia ejercerán en la época en la cultura popular: el Teatro Negrón. No era la primera vez que se proyectaban películas en la vecindad. Probablemente no era tampoco el primer establecimiento dedicado exclusivamente al séptimo arte.

Para la década de 1950 el cine no era una novedad para los villalbeños. Se sabe que durante décadas se habían exhibido películas en el patio del Hotel Toro Negro y en los predios de la iglesia católica[112]. La presentación de películas en el hotel era anunciada en los periódicos de la época e incluso aparecía como "Teatro Toro Negro". Antes de eso, al trazarse el mapa para la instalación del alumbrado eléctrico en 1924, un lugar que ubicaba en la intersección de las calles Barceló y Muñoz Rivera fue identificado como cine. También durante esa década de los años '20 existía en Villalba el Teatro Lindbergh.

---

[111] Recuperado de http://parrocoop.com

[112] En *Los viejos cines de Puerto Rico*, Hernández Mayoral señala: "En 1950, por ejemplo, el Club Católico de Villalba exhibía películas. No sería formalmente un cine, pero aparecía a veces en las carteleras de los periódicos. Seguramente el Negociado de Arbitrios lo contaba como cine porque generaba recaudo por ese motivo, pero no así la Oficina del Censo, la cual se fijaría tan solo en el uso principal del edificio (pág. 313).

El cine, pues, había estado presente en Villalba durante mucho tiempo. Pero el Teatro Negrón, de Bernardo Negrón Guzmán, marcaría la vida cultural y social de Villalba durante la segunda mitad del siglo XX. De acuerdo con Rosario-Natal[113], el cine influyó en el vestir, en el comportamiento y hasta en el hablar, pues se convirtió, junto con la plaza pública, en el lugar por excelencia para el encuentro social.

◄ Boleto de entrada al Teatro Negrón. Foto tomada de www.villalbaonlinepr.com

Los deportes en los años '50

Durante los años '50, el béisbol continuó siendo el deporte rey en Villalba. A principios de la década se "construye" el primer parque de béisbol, en el sembradío de caña conocido como La Vega. Hasta entonces, este deporte había sido practicado en terrenos como el aledaño a la escuela Walter MᶜK Jones y en los predios de la central azucarera. Gracias al entusiasmo de Emérito (Mero) Díaz, el béisbol experimenta un nuevo impulso durante la década[114]. El parque fue bautizado con el nombre de Herminio (Minín) Cintrón, villalbeño caído en la guerra de Corea.

Para 1950-51, Villalba participa por primera vez en el Torneo Clase A. Villalba pertenecía a la Sección 14, compuesta además por Juana Díaz. Coamo, Orocovis y Santa Isabel. El dirigente fue Edward Negrón, mientras que Totó Marrero fungió como apoderado, Miguel Arroyo como mascota y Marina Alonso como madrina. Jugaban: Néstor Torres, Nelson Negrón, Tommy Criado, Orlando Rivera, Georgie Cintrón, Enrique Burgos, Ramonche Torres, Luis Guillermo Marrero, José Colón, Manuel Colón, Domingo Alvarado, Enudio Negrón, Benjamín Torres, Félix Báez, Luis (Pocholo) Colón, Luis Matos, Duhamel Zayas, Wiltre Pons y Mero Díaz.

Para la siguiente temporada el equipo se llamaría Villalba de Soto. Era

---

[113] Ídem
[114] López, 2007

básicamente el mismo equipo, con la adición de Jerry Torres, Luis Guillermo Marrero y Germán García. Posteriormente, Esteban Pérez se convierte en dirigente.

Durante esta década, Gerardo (Jerry) Torres es considerado el mejor lanzador derecho del béisbol doble AA. De hecho, hay consenso al considerar a Torres como uno de los mejores beisbolistas de todos los tiempos nacidos en nuestro pueblo. También es la década de Luis Guillermo Marrero, quien jugó en series internacionales[115] y el equipo nacional. Es la década de Milton Ralat, primer villalbeño en jugar béisbol profesional.

Gerardo (Jerry) Torres

Emérito (Mero) Díaz organiza, durante el segundo lustro, un equipo de béisbol aficionado. Lo dirige Edward Negrón. Diani Berríos era el anotador, Mirsa Miranda la Madrina y Reinaldo Cintrón el Mascota. Está integrado, además, por Enudio Negrón, Raúl Rodríguez, Miguel Delgado, King Toledo, Luis (Pocholo) Colón, Ismael (Junior) Zaragoza, Eliú Ortega, José Ibem Marrero, Miguel Arroyo, Samuel Serrano, Néstor Torres, Benedicto García, Germán García, Benjamín (Minito) Torres, Julio Torres, Roberto Correa (Cabo Huevo) y el propio Mero Díaz.

A mitad de la década se fundan las Pequeñas Ligas de Béisbol, bajo el liderazgo de Enrique (Meleto) Ortiz. En aquel año participaron tres equipos: Villalba-Pueblo, Romero y El Pino. Ismael (Junior) Zaragoza dirigió el primero, mientras que Héctor Guzmán y Ernesto Estada el segundo y tercero, respectivamente[116].

Otros deportistas destacados para esta década fueron Roberto Correa (Cabo Huevo), Mariano (Chiva) Torres, Benedicto García, Elvin Rodríguez, Tato Collazo, Agenor (Nanán) Berríos, Tite (Galileo) Cintrón, Carlos Cortés, Julio César López, Pepito Guzmán, Tito Torres, Héctor Torres, Eladio Díaz, Raúl Febus, Kuki Guzmán y Nardín Gratacós, entre otros[117]. La década culmina con la extraordinaria participación de Luis Guillermo Marrero Torres en la Selección Nacional durante los Juegos Centroamericanos y del Caribe,

---

[115] López, 2007
[116] López, 2007
[117] Ídem

119

Venezuela '59.

Los '50 también son los años en que se tienen las primeras noticias sobre el boxeo en nuestro pueblo. Fue Nelson Criado quien practicaba el boxeo en un gimnasio rústico en el sector El Pino, aunque no lo hiciera como competidor. También es el precursor del levantamiento de pesas que traerá grandes triunfos posteriores.

A principios de la década de los '50 se acondicionó un terreno en el sembradío de caña conocido como La Vega, aledaño al casco urbano, convirtiéndolo en el parque de béisbol. Fue inaugurado con el nombre de Parque Herminio (Minín) Cintrón. Foto cortesía de Agneris Guzmán.

El Club de Leones

Al iniciarse el segundo lustro de la década, un grupo de líderes se reúne en uno de los salones del Hotel Toro Negro. El propósito fue instituir una de las organizaciones cívicas de mayor prestigio internacional: el Club de Leones.

Fue Manuel Santana el principal gestor de aquel grupo, que también incluía a Ramón A. Cruz, Josué Castillo, Víctor F. Rodríguez, Antonio Torres, Carlos Miranda, Eduardo Negrón, Rafael Colón Schroeder, Ramón Rodríguez, Miguel Crescioni, Richard González, Bernardo Negrón, Charlie Santana, Antonio Torres, Víctor Miranda, Enudio Negrón, Agustín Burgos, Eladio Burgos Jr., Guillermo Colón, José Criado, Osvaldo Criado, Dionisio Gómez, Ricardo Guzmán, Alfonso Hernández, Luis Irizarry, Félix Mercado, Jorge Negrón, Rafael Negroni, Hexor Octaviani, José Pérez, , Santiago Rodríguez, Carlos Schmidt, Rubén Vega, Emiliano Zayas, Pedro J. Zayas y Tomás Criado, entre otros.

Reunión del Club de Leones de Villalba, celebrada en 1956 en uno de los salones del Hotel Toro Negro.

Las clases graduadas

Para la década de los años '50, la escuela superior continuó ubicada en la escuela Walter M^{c}K Jones. Las clases graduandas se convirtieron en un evento social, que no solo involucraba a la comunidad escolar, sino a todo el pueblo. Algunos presidentes durante esta década fueron Elsa Meléndez (1954), Ileana Zayas (1956) y Roberto Laboy (1959).

Sara Laffitte

En la década de los '50, Sara Laffitte (conocida como "la alondra villalbeña") se consagró como cantante y compositora. Fue la voz femenina de la afamada orquesta ponceña de Mingo y sus Whoopee Kids. A la derecha, en una presentación en WAPA TV. Foto cortesía de la Sucesión de Rafita Rodríguez.

Las artes y la cultura en los '50

La década de los '50 fue gloriosa con respecto a las artes. Probablemente la figura más relevante continuó siendo Sara Laffitte, cuyo talento fue reconocido por la prensa, la clase artística puertorriqueña e incluso los Estados Unidos. Sara inició su carrera a finales de la década anterior, pero fueron los '50 los que le impulsaron como una gran promesa de la música popular. En los '50 tiene participación fija en las radioemisoras. Fue la voz de la orquesta Mingo y sus Whoopee Kids[118].

De otra parte, la música de tríos era la expresión popular por excelencia de la época. Fue así como tres jóvenes unieron sus voces y sus guitarras para constituirse en el primer trío villalbeño: el Trío Los Amigos. José (Cheíto) Rodríguez, Adermán Cotto y Ramonche Torres se apoderaron del romanticismo y marcaron aquellos años con sus acordes de guitarra y sus sueños musicales.

Mientras Laffitte escribía su nombre a nivel nacional y el Trío Los Amigos iniciaban una época, había en Villalba una explosión de talento. Era tanto el talento artístico villalbeño, que incluso WAPA televisión hizo un programa especial dedicado a Villalba. Se destacaron voces como la de Sara Laffitte, como era de esperarse. Pero también se destacó un sinnúmero de otros artistas. Irma Albertorio, Víctor Miranda, Ramonche Torres, José (Cheíto) Rodríguez, Junior Anguita, Adermán Cotto, Audalicia Cintrón, Virgenmina Rodríguez, Marga Durán, ofrecieron un extraordinario espectáculo.

---

[118] La última voz femenina en formar parte de la afamada orquesta lo había sido Ruth Fernández.

Ramonche Torres, Audalicia Cintrón, Virgenmina Rodríguez y Adermán Cotto.

Hernán Cotto, Félix (Grillo) García, Millo Collazo y Virgenmina Rodríguez

Junior Anguita, José Juan Rodríguez y Oscar Zayas ante las cámaras de WAPA.

Anuncio del debut de Sara Laffitte con la orquesta de Mingo & sus Whoopee Kids.

Equipo de béisbol, 1953. Al frente, de izquierda a derecha: Ramiro Rivera, Félix Alvarado (mascota) y Roberto Cintrón. Sentados en la primera fila: Ismael Zaragoza, Jerry Torres, Luis G. Marrero, Esteban Pérez (Dirigente), Daisy Hernández (Madrina), Benedicto García, Raúl Rodríguez y José (Cheo) González. En la segunda fila: Néstor Torres, Luis González, Rafael (Toti) González), Enudio Negrón y Celestino (Toto) Marrero. Fila superior: Duhamel Zayas, Ramón (Ramonche) Torres, Luis (Pocholo) Colón, Benjamín (Minito) Torres y José Luis Torres (Coach)

El balance de la década

Los años '50 fue una época de ensueño. El arte y la cultura se desbordaban en nuestra población. Las señales del progreso se hacían notar en los detalles y se gestionaba la construcción del Villalba del futuro.

El cooperativismo villalbeño daba ejemplo al país y existían y se organizaban proyectos cooperativistas en todos los sectores de la economía y la sociedad. El deporte rey se hacía de un nuevo hogar, uno permanente, y nuestros deportistas brillaban aquí y afuera.

Se planificaron proyectos de vivienda, de carácter social y también cooperativista.

Agustín Burgos Rivera se convirtió en uno de los padres de la Constitución al formar parte de la Convención Constituyente y Félix Luis Hernández inicia su trayecto como uno de los alcaldes mejor recordados del siglo XX.

Calle Luis Muñoz Rivera, a la altura de la escuela Walter McK Jones, en la década de los años '50.

Desfile de la Liga Atlética Policiaca por la calle Muñoz Rivera, en la década de 1950.

Diálogo entre los sectores políticos, religiosos y cívicos del Villalba de los años '50. Entre otros, aparecen en la foto Helen Buchanan (sentada en la extrema izquierda), don Luis Zayas (alcalde entre 1941 y 1948) y Agustín Burgos Rivera.

◄ El Obispo de Ponce, James McManus, ofrece un mensaje a los feligreses desde las escalinatas de la iglesia. Aparecen además, el senador Agustín Burgos y el alcalde Efraín Suárez Negrón. Foto cortesía de Domitilo Negrón.

En la foto superior, el gobernador Luis Muñoz Marín realiza el corte de cinta en una actividad en las Parcelas Céspedes. En la foto inferior, comparte con un grupo de villalbeños en una festividad. Entre otros, aparece en la foto Crispiniano Reyes. Fotos cortesía de Agneris Guzmán de Durán.

En la foto superior, tienda El Esfuerzo Propio, de don Rafael Hernández. En la foto inferior, actividad de bautismo y reunión de la Cofradía del Santo Nombre en el sector Hatillo. Destaca en la foto el Rvdo. Padre Salvador Ruffolo (de pie, detrás del niño con guitarra) y un representante del Obispo de Ponce (sin identificar). Fotos cortesía de doña Ramonita Martínez.

El Rvdo. Padre Salvador Ruffolo, junto a miembros fundadores del Club de Leones de Villalba. Foto compartida en redes sociales.

El alcalde Efraín Suárez Negrón (al centro) junto al equipo de béisbol de Villalba a principios de la década de los años '50.

Capítulo 6
Los años '60

Resumen

La década de los '60 se presenta como una de grandes cambios. También de grandes oportunidades.

En términos deportivos nace la Media Maratón de Puerto Rico, el que se convertiría en el evento de fondismo más importante a nivel nacional. También hacemos historia cuando Samuel Cruz se convierte en el primer villalbeño en competir en unas Olimpiadas.

En términos políticos, culmina la hegemonía del Partido Popular Democrático y nace el bipartidismo. Nacen tres formaciones que habrían de marcar la historia política: el Partido Acción Cristiana, el Partido del Pueblo y el Partido Nuevo Progresista. Este último selecciona su primer alcalde en la figura de Ramón Negrón.

Se ordena el primer sacerdote villalbeño. También es designado como párroco el sacerdote que por mayor cantidad de tiempo ha ejercido como tal en Villalba.

Se construye el residencial Efraín Suárez Negrón, primer proyecto de vivienda pública en Villalba, así como la Urb. Villa Alba, primera cooperativa de residencias, entre otros.

Con la promoción de Fomento Industrial de Puerto Rico, se establecen diversas empresas que comienzan a contribuir al desarrollo social, cívico y deportivo. El comercio local se fortalece.

Algunos datos sociodemográficos

Al llegar los años '60 la población villalbeña ya alcanzaba los 16,239 habitantes, ubicados de la siguiente manera:

Barrio	Población
Pueblo	1892
Caonillas Abajo	1061
Caonillas Arriba	1591
Hato Puerco Abajo	800
Hato Puerco Arriba	2597
Vacas	2158
Villalba Abajo	2251
Villalba Arriba	3889

Fuente: Negociado del Censo

Los datos representaron un aumento poblacional de 1,267 habitantes, equivalente a un 8.5% con respecto a la década anterior. El 57.2% de la población era menor de dieciocho años. Solo el 4.4% de la población sobrepasaba los 65 años de edad. La mayor parte de la población se encontraba en el rango de edad entre cinco y catorce años (un total de 5,081 habitantes o el 31.2% de la población).

Para 1960, 412 villalbeños habían participado en algún conflicto bélico: 136 en la guerra de Corea. 12 de estos participaron también en la Segunda Guerra Mundial, 168 solo en la 2da. Guerra Mundial, 92 habían participado de la Primera Guerra Mundial y 48 personas habían rendido otros servicios.

El 86% de los varones mayores de diez años de edad y el 78.2% de las mujeres en el mismo rango estaba alfabetizado. Un total de 4,244 personas asistían a la escuela pública, mientras que solo 40 reportaron estudios en colegio privado. Entre el grupo trabajador (varones) se reportaban cuatro médicos o profesionales análogos a la salud. Había 36 maestros, 264 agricultores, 1,176 obreros agrícolas, 116 vendedores, 200 artesanos, 228 operarios, entre otros oficios y profesiones. Había también 392 mujeres empleadas: 4 dedicadas a la salud, 40 maestras, 20 agricultoras, 4 obreras agrícolas, 8 vendedoras, 8 artesanas y 148 operarias, entre otros oficios.

132

Maximino Miranda

Electo senador en las elecciones generales de 1968; el primero en representación del Partido Nuevo Progresista. Abogado de profesión, Miranda era conocido por su solidaridad y defensa de la población económicamente desventajada.

La economía en los '60

Los '60 fueron años de progreso e industrialización. Fábricas como la *Andrea Shoe Corporation*, en la calle Luchetti, representan una importante fuente de empleos en el campo de la manufactura. Fomento Industrial abre las puertas para establecer nuevas industrias. Además, toma impulso la banca comercial de la mano del Banco Popular, cuya sucursal villalbeña opera desde 1959[119].

Pero también el comercio local se desarrollaba y se iniciaban empresas nativas, más bien familiares, que habrían de desarrollarse y ser parte de la cultura misma del pueblo. Mercedes Rodríguez, un agricultor y pequeño comerciante, funda la Funeraria Rodríguez. Julio Santiago inicia un negocio de transporte que daría como resultado a Santiago Bus Line. Además, diversos comercios garantizaban su permanencia en la memoria colectiva: Osvaldo Criado, Juan Díaz Mouriño, Hilda Dress Shop (de Hilda Torres), la Farmacia San Antonio (de Manuel Santana), los comercios de Bernardo Negrón y Rafaela Montalvo, la Tienda Plaza (de Julia Torres de González), la Mueblería La Italiana, entre tantísimos otros.

La economía villalbeña en los '60 era símbolo de un pueblo dispuesto a crecer y desarrollarse de cara al final del siglo XX.

---

[119] *BankBranchLocator*, 2021

La década del cambio político

Los años sesenta marcaron un antes y un después en prácticamente todos los aspectos de la sociedad. El elemento político experimentó cambios fundamentales durante este periodo de tiempo.

En 1960 surge la gran fricción entre el hegemónico Partido Popular Democrático y la alta jerarquía de la iglesia católica. La discordia desembocó en la fundación del Partido Acción Cristiana. En Villalba, la cabeza visible del PAC era Carmelita Suárez de Negrón, quien fue su candidata a alcaldesa. En 1964 lidera el movimiento Orlando Hernández Figueroa.

El PPD salió ileso de la discrepancia con la iglesia, pero no de las desavenencias consigo mismo. Temprano en la década se desató una pugna interna en el PPD de Villalba, entre el alcalde Félix Luis Hernández y el histórico senador Agustín Burgos Rivera. Fue entonces que se llevó a cabo la primera primaria para seleccionar el liderato del partido de gobierno, resultando electo Hernández.

Más tarde, en 1968, surgen dos movimientos que cambiarán para siempre el panorama político. El primero es el Partido del Pueblo, surgido del cisma del Partido Popular Democrático. El segundo es el Partido Nuevo Progresista. El Partido del Pueblo surge ante una grave crisis dentro del Partido Popular Democrático. En 1964, el líder histórico y fundador del PPD, Luis Muñoz Marín, no aspira a un quinto término en la gobernación, optando por respaldar a su más cercano colaborador, el ingeniero Roberto Sánchez Vilella. Cuatro años más tarde es el propio Muñoz quien decide que su antiguo colaborador no puede continuar en la gobernación. Luego de una agria disputa, Sánchez Vilella aspira a la reelección, pero en representación del Partido del Pueblo.

En Villalba la división popular tuvo el mismo efecto que a nivel de todo Puerto Rico. Se fragmenta el PPD y gran parte de su liderato municipal se traslada al Partido del Pueblo. Ángel Burgos aspira a la Alcaldía, acompañado por líderes históricos del PPD como Francisca (Chita) Martínez, Ramón Orta, Héctor Guzmán, Orlando Marfisi, Delma Martínez y Roberto Laboy.

El Partido Estadista Republicano también entró en grave crisis cuando Luis A. Ferré, Carlos Romero Barceló, Hernán Padilla y otros líderes le abandonaron para fundar el Partido Nuevo Progresista. En Villalba, Luis González, Iris Montalvo, Enudio Negrón, Raúl Suarez, Uriel Laporte, Lino Negrón, entre otros, fueron pioneros del movimiento. Ramón Negrón Rivera se convirtió así en su candidato a alcalde y en el primer alcalde PNP. Maximino Miranda fue electo senador.

Ramón Negrón Rivera

Electo alcalde en las elecciones generales de 1968; el primero en representación del Partido Nuevo Progresista. Anteriormente se había desempeñado como asambleísta municipal por el Partido Popular. Su logro más importante fue la adquisición para el municipio de la finca Saurí, gracias a la cual se realizaron importantes obras subsiguientemente.

Las obras de la década

El 31 de agosto de 1963 se ocupó formalmente el residencial Efraín Suárez Negrón[120]; primer complejo de vivienda pública realizado en Villalba. Fue precisamente Suárez Negrón quien solicitó incluir a Villalba en el listado para la construcción de residenciales públicos[121], un proyecto posteriormente gestionado por su sucesor Félix Luis Hernández. Otra de las obras de envergadura fue la construcción de una nueva escuela superior: la escuela Francisco Zayas Santana. Se construye el Parque de Bombas, el Cuartel de la Policía, la Cooperativa de Viviendas de Villa Alba, se remodela la plaza pública, entre otras.

Las clases graduadas

Los sesenta marcaron nuestra educación. Nuestras clases graduadas estrenan nueva escuela superior. La última clase graduada de escuela superior de la escuela Walter McK Jones fue la de 1963. Benjamín Guzmán (1961), Jaime Laboy Torres (1962) e Ignacio Berríos (1963) son los últimos presidentes de clases graduadas en la antigua escuela. La primera clase de la escuela Francisco Zayas Santana fue la de 1964, presidida por Jorge (Güitin) Gratacós. El resto fueron presididas por Víctor Colón Tapia (1965),

---

[120] Alameda y Rivera, 2005
[121] Rodríguez Roche, 2020

135

Jorge Rodríguez Alvarado (1966), Carlos Ocasio e Ismael "Maelo" Colón (1967), Bernardo Negrón Montalvo (1968) y Francisco Feliciano (1969).

Los deportes en la década de los '60

Esta década estuvo marcada por grandes pasos en el deporte villalbeño. Carlos Negrón Guzmán nos llena de orgullo al dirigir la selección nacional de béisbol en los Juegos Centroamericanos y del Caribe Jamaica '62.

También es la década en la que comienzan a verse los resultados del trabajo de profesores como Víctor Tricoche y Enrique (Meleto) Ortiz, quienes elevaron la calidad del atletismo en nuestro pueblo[122]. Marrero lo expone así: *La primera mitad de esa década se inicia con atletas como Otoniel Meléndez, Ángel Luis (Güi) Dávila, Héctor Gratacós, Benjamín y Josué Guzmán y Tony Burgos en carreras de semifondo. José (Cheo) García, Filiberto García, Richard Gratacós, Jaime Laboy y Sarito Torres se disputaban e intercambiaban victorias en velocidad. José Víctor Gratacós en salto alto, Tito Marrero en los restantes eventos de campo, dominaban en el área. Luis Guzmán y McDonald Rentas fueron dominantes en pesa y disco.*

La Liga Atlética Policiaca, dirigida entonces por Octavio Torres, le dio grandes victorias a Villalba en el atletismo (y otros deportes) de la primera mitad de la década. Por ejemplo, obtuvo varios campeonatos zonales de Voleibol, así como el Campeonato Nacional de Atletismo de la Liga Atlética Policiaca en 1963.

Durante este periodo se destacan Héctor (Kuki) Zayas en los eventos de bala y disco, Otoniel Meléndez, Efraín Alvarado, Güi Dávila y Edwin Blanco en semi-fondo, Félix (Pejecito) García y Félix Otero en velocidad, Ángel (Kolo) Torres y Octavio Torres, hijo, en 400 metros lisos, Joe Báez en 110 metros con vallas altas, Angie Rivera, Monchito Negrón y Wilfredo (Wito) Negrón en los saltos, Ángel Torres y Bernardo Negrón Montalvo en 400 metros. Lucas Marrero sobresalió en el tiro de jabalina (estableciendo marca de 221' 4"). Jorge (Chiqui) Marrero se destacó en el impulso de la bala (pesa), participando en los Juegos Centroamericanos y del Caribe de 1966 y en los Juegos Panamericanos. Es el único atleta en ganar su evento (lanzamiento de pesa) en sus tres años de participación reglamentaria en la Liga Atlética Interuniversitaria.

También fue la década en que despuntó el baloncesto. Ya se habían construido algunas facilidades (todas de media cancha) en décadas anteriores, pero fue durante estos años que se construyó la primera cancha completa, incluyendo gradas para el público. Fue en los terrenos del parque

---

[122] Marrero, 1996

Herminio Cintrón. El primer equipo de baloncesto llevó por nombre Villalba Alba. Jugaban, entre otros, Luis Guzmán, Monchito Negrón, Héctor (Tito) Marrero, Tito Pacheco, Jorge (Chiqui) Marrero, Josué Guzmán, Jimmy Torres, Luis (Tito) Izquierdo y Héctor (Cuco) Burgos. En 1968, José Andrés Camacho Báez se convierte en el primer villalbeño en jugar en el Baloncesto Superior Nacional, al debutar con los Leones de Ponce. Era conocido como "el hombre de goma" y "el Dr. J. boricua".

Héctor (Cuco) Burgos se radicó en Nueva York, donde jugó baloncesto colegial con el *Wagner College*. En los '60 fue parte del primer equipo villalbeño de baloncesto. Poco después fue fichado por los Leones de Ponce del baloncesto superior. Con el tiempo, se convirtió en el primer villalbeño en dirigir un equipo de la liga de Baloncesto Superior Nacional. En la foto aparece Burgos en el camerino de los Leones de Ponce, mientras le escuchan atentamente Arnaldo Hernández (Apoderado), Eric Geldart (Coach) y Michael Vicéns (#18), entre otros.

◄ José Andrés Camacho se convirtió en el primer villalbeño en jugar en el Baloncesto Superior Nacional al ser fichado por los Leones de Ponce en la década de los '60.

Jorge (Chiqui) Marrero recibe un trofeo de manos de Roberto Clemente, al participar de los Juegos Centroamericanos y del Caribe, celebrados en la isla en 1966.

En cuanto al béisbol, la década comenzó con la medalla obtenida por Carlos Negrón Guzmán como dirigente del equipo nacional en los Juegos Centroamericanos y del Caribe de 1962. De esta forma, Negrón pasa a la historia como el primer villalbeño en dirigir un equipo nacional. Para finales de la década, Villalba entra en la Liga Preparatoria, con el propósito de aumentar el nivel de juego entre los jóvenes villalbeños[123]. Reinaldo Cintrón, Lucas Marrero, Raúl Pérez, Félix Malavé, Héctor (Tito) Marrero, Elvin Rodríguez, Sari Sánchez, Roberto Laboy, Ernesto Marrero, Roberto (Lindín) Berríos y Samuel (Chame) Cotto, entre otros, destacaron durante esta época. Cotto fue un estelar lanzador que formó parte del béisbol Doble A.

Pero no solo fue una década destacada en la práctica de deportes tradicionales como el béisbol, el baloncesto o las ramas del atletismo. Para la época el fisiculturismo ocupaba un lugar prominente. Enrique Burgos, Ñín Olivieri, Samuel Cotto, Pepito y Kuki Guzmán, Francisco (Paco) de Jesús, Abraham García, Georgie Zayas, Jaime Laboy, Norberto Bonilla, Frankie Zayas y Euclides (Yuyín) Rentas, eran parte de los apasionados de este deporte. En 1964, Rentas escribe una nueva página en el deporte villalbeño

---

[123] Rosario-Natal, 1996

138

al obtener el título de Mr. Puerto Rico. Dos años más tarde obtiene el título de Mr. Master de Puerto Rico.

El boxeo fue otra de estas disciplinas. Víctor (Kid Griega) Avilés, Vicente Mercado, Germán Bonilla y Richard Gratacós representaban a Villalba bajo la dirección de Samuel Cotto.

Samuel Cruz (al centro) se convirtió en el primer olímpico villalbeño al participar del evento de salto largo en Tokio '64. Foto publicada en redes sociales por Nacho Reinosa (primero de izquierda a derecha).

Villalba en las Olimpiadas

Los Juegos Olímpicos son, sin duda alguna, el evento mundial al que aspira cualquier deportista. En las Olimpiadas de Tokio '64, el villalbeño Samuel (Sammy) Cruz fue uno de los 27 atletas que representaron a Puerto Rico en el máximo encuentro del deporte[124]. Compitió en el evento de salto largo. Es la primera vez que Puerto Rico participa del evento, y también la primera vez que un villalbeño compite en las Olimpiadas. Marcó una distancia de 6.74 metros. Tres años más tarde, Cruz obtuvo un quinto lugar en el mismo evento en los Juegos Panamericanos de Winnipeg '67[125]. La presencia de un villalbeño en unos Juegos Olímpicos se repitió cuatro años más tarde, cuando Carlos Báez marcó 1.52.7 en el evento de los 800 metros en México '68[126].

---

[124] *The New York Times*, 15 de septiembre de 1964; pág. 44
[125] *Sports Reference, LLT*
[126] Ídem

139

La media maratón de Puerto Rico en Villalba

Casi al culminar la década, un grupo de pioneros liderado por el profesor Jaime Laboy Torres decidió organizar una carrera atlética. Posiblemente no imaginaron en ese momento que aquella iniciativa se convertiría en uno de los eventos más importantes de la historia del fondismo puertorriqueño.

En 1968, el profesor Laboy Torres convocó a sus amigos al hogar de Kuki Guzmán. Junto a Víctor Arroyo, Domitilo Negrón García, Luis Guzmán y Víctor Hernández, aquel día se organizó el primer comité organizador. A este se unió Tito Marrero posteriormente, por encontrarse radicado para entonces en Washington DC. Desde allí trajo consigo los trofeos que sirvieron de premiación a la primera edición. Al grupo pionero se unieron luego Cristina (Amada) Martínez, Doel López, Roberto Laboy, Samuel Cotto, Edilberto Colón, Reinaldo Cintrón, Héctor Guzmán, Vicente Pérez, Jorge (Chiqui) Marrero, Miguel Burgos, Enudio Negrón, Ramón Orta, Wilfredo Santos y Edgardo Feliciano.

El primer presupuesto fue de quinientos treinta y cinco dólares recolectados entre los organizadores y una aportación de cien dólares del municipio, dirigido entonces por Félix Luis Hernández. El disparo de salida y la clausura estuvieron a cargo del Lcdo. Luis G. Marrero. Fue dedicado a éste y al deportista villalbeño Jerry Torres. El éxito fue tan indiscutible que apenas un año después la Administración de Parques y Recreo Público (precursora del actual Departamento de Recreación y Deportes) asignó la cantidad de tres mil dólares para el evento deportivo. El alcalde Ramón Negrón, que había tomado posesión unos meses antes, asignó la cantidad de mil dólares.

Para gloria del pueblo, el primer atleta en arribar a la meta en la primera edición de la carrera fue el villalbeño Carlos Báez, con un tiempo de 36.5. En segundo y tercer lugar arribaron José M. Rivera (39.0) y Enrique Torres (40.7), respectivamente[127].

Al año siguiente la carrera experimentó un cambio importante. A partir de 1969 la distancia pasó a ser de 21,6 kilómetros, o lo equivalente a media maratón. El 13 de marzo de 1969, la Federación de Atletismo Aficionado de Puerto Rico reconoce el evento como el Campeonato Nacional de la Media Maratón de Puerto Rico. El 18 de julio de ese mismo año, la Media Maratón de Puerto Rico queda incorporada como entidad sin fines de lucro, tras la petición radicada por el Lcdo. Ismael Cervoni a nombre de Jaime Laboy Torres, Vicente Pérez, Roberto Laboy, Samuel Cotto y Domitilo Negrón García[128]

---

[127] Nótese el tiempo y la diferencia con las carreras subsiguientes.
[128] Marrero, en A orillas del Rio Jacaguas; pág. 362

Carlos Báez se convirtió en icono del deporte villalbeño al coronarse campeón de la carrera de 1968. Otro elemento innovador fue la inclusión de un desfile previo a la carrera. El honor de llevar la primera corona recayó en Tamara Rivera Martínez.

Algunos miembros fundadores del Club de la Media Maratón de Puerto Rico en Villalba: Jaime Laboy, Domitilo Negrón, Roberto Laboy Vicente Pérez, Víctor Hernández, Víctor Arroyo, Edilberto Colón, Samuel (Chame) Cotto.

141

La primera funeraria

Hasta los años '60 los villalbeños dependían de servicios externos al momento de ofrecerle a sus seres queridos una despedida digna. Durante aquellos años, un emprendedor orocoveño radicado en Villalba en 1949, representaba a la Funeraria Santa María, de Ponce, tramitando los servicios funerarios a la vecindad desde una pequeña casilla de madera. Su nombre: Mercedes Rodríguez. En 1968, Rodríguez decidió responder a las exigencias de los villalbeños y estableció la primera empresa villalbeña dedicada a los servicios funerarios: Funeraria Rodríguez.

Inauguración del cuartel de la Policía de Puerto Rico. Entre otros, aparecen en la foto el Sr. Colón Schroeder, Juan Meletiche y el senador Agustín Burgos Rivera.

142

Félix Luis Hernández es recordado como un alcalde de pueblo, que gustaba del sano compartir junto a sus conciudadanos. Foto de 1963, cortesía Sucesión Rafita Rodríguez.

Vista aérea de Villalba en los años sesenta.

El alcalde Ramón Negrón, reunido en Fortaleza con el gobernador Luis A. Ferré

El alcalde Félix Luis Hernández reconoce al equipo campeón de atletismo de la Liga Atlética Policiaca. Aparecen, además, Adalberto Colón, Félix L. Hernández, Bernardo Negrón Montalvo, Octavio Torres, Agustín Rodríguez, Edwin Reyes García, Otero, Chiqui Marrero, Junior Báez y Carlos Báez.

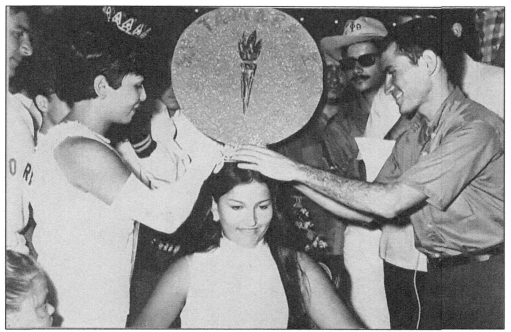

Tamara Rivera Martínez es coronada como reina de la Media Maratón en 1969.

145

Inauguración del residencial Efraín Suárez Negrón, primer complejo de vivienda pública construido en Villalba.

Parque de bombas, ubicado originalmente al lado de la casa alcaldía.

146

La música puertorriqueña es una extraordinaria obra de arte, creada en 1962 por el muralista ponceño Epifanio Irizarry. Se encuentra en la escuela Francisco Zayas Santana.

Las artes y la cultura en los '60

Uno de los mayores acontecimientos culturales de la década se dio cuando el afamado muralista ponceño Epifanio Irizarry le obsequió a nuestro pueblo el mural *La música puertorriqueña*. El mural, ubicado en la recién construida nueva escuela superior Francisco Zayas Santana, es una representación de la diversidad musical en la cultura de Puerto Rico. De inmediato, la obra de arte se convirtió en referencia, incluso en libros de texto del entonces Departamento de Instrucción Pública.

También fue la década en la que el villalbeño Raúl Marrero alcanzó la cima de la fama (en la que perduraría durante las próximas décadas). En 1965 grabó su primer disco en solitario con sus propias canciones. También se convirtió en un respetado compositor de música popular. Marrero se convirtió en una de las estrellas del bolero y la salsa en Latinoamérica.

◄ En 1965, Raúl Marrero graba su primer disco en solitario con un contenido íntegramente suyo. Aunque su nombre formaba parte del firmamento musical desde las décadas del '40 y el '50, a partir de la década de los '60 comienza a colaborar con orquestas como la de Charlie Palmieri y Tommy Olivencia, entre tantas otras.

147

Rvdo. Padre Fausto Ramos

◄ El Reverendo Padre Fausto Ramos fue designado como párroco en 1967 y ejerció como tal hasta 1986, convirtiéndose así en el sacerdote de mayor permanencia como líder espiritual católico en Villalba. Foto cortesía de Elizabeth Rivera, quien celebra su primera comunión junto a su hermano Rey.

Primer sacerdote villalbeño

▼ En los '60 se ordena el primer sacerdote villalbeño: Rvdo. Padre Gonzalo Díaz Hernández

El Rvdo. Padre Gonzalo Díaz Hernández (al centro) el día de su ordenación sacerdotal. Foto cortesía de Domitilo Negrón.

148

El gobernador Roberto Sánchez Vilella en visita oficial a Villalba. Aparecen, además, la primera dama Jeanette Ramos Buonono, Félix Luis Hernández y Rafita Rodríguez.

Niñas y Niños Escucha de Villalba junto al Secretario del Departamento de Instrucción Pública, Dr. Ramón Mellado. Entre otros, aparecen en la foto Delma y Maritza Martínez, Freddie Colón, Robert Santos, Luis M. García, Darving Vargas, Francisco (Anky) Ríos y la Prof. Nora Algarín.

◄ Familias villalbeñas hacen sus compras en el Supermercado Cooperativo. Villalba fue el primer lugar en Puerto Rico en establecer un mercado cooperativo de autoservicio.

Otra de las expresiones del arte y la cultura durante estos años fue el Teatro Escolar, a través del cual se hacían representaciones teatrales. En la foto, el Prof. Doel López presenta y dirige La herida luminosa. Participan Domitilo Negrón, Antonio (Toñito) Figueroa, Víctor Colón Tapia, Carlos Pagán, Chiqui Zayas, Ilka Beatriz Negrón y Sonia Colón Sosa.

150

Parte del Directorio Médico de Villalba en los '60. De izquierda a derecha: Ivonne Luna, Luz Cintrón, Dr. Caballero, Porfidia Díaz, Dr. Saadé, Ma. S. López y Alicia de Bonilla. Foto cortesía de la Sucesión de Rafita Rodríguez.

En los '60 y los '70, la *Andrea Shoe Corporation* tenía un gran compromiso social, como lo demuestra el uniforme de Villalba en el béisbol.

151

La última clase graduanda de escuela superior de la escuela Walter M^{c}K Jones desfila por la calle Luis Muñoz Rivera en dirección al Teatro Negrón. Foto cortesía Domitilo Negrón García.

◀ El alcalde Ramón Negrón Rivera participa del Desfile Puertorriqueño de Nueva York acompañado por el senador Maximino Miranda.

Capítulo **7**
Los '70

Resumen

Los setenta fueron años de transformación. La adquisición de la finca Saurí por parte de la administración municipal impulsa el desarrollo de grandes proyectos de vivienda, infraestructura, educación y desarrollo económico.

En términos deportivos, la Media Maratón de Puerto Rico en Villalba pasa a ser el evento por excelencia para los fondistas del patio, convirtiéndose en el Campeonato Nacional. También volvimos a alcanzar nivel olímpico al ser representados por un villalbeño en las Olimpiadas de Múnich '72. En el béisbol nace la franquicia villalbeña de la COLICEBA, trayendo consigo nuestro primer campeonato en esta liga.

En asuntos culturales adoptamos oficialmente nuestros símbolos. Se organiza el Centro Cultural. Se organizan y establecen proyectos culturales que perdurarían hasta nuestros días.

En términos políticos, comienza la alternancia política en la administración municipal.

Se establece *Medtronic*, empresa que marcaría la economía villalbeña de manera contundente. También se solidifica el comercio local y surgen nuevos comercios que habrían de permanecer durante el próximo medio siglo.

Inicia la construcción de importantes proyectos de infraestructura, como el residencial Maximino Miranda, la escuela intermedia urbana, la represa Toa Vaca y otras obras que permanecerían como parte de nuestra identidad.

153

Algunos datos sociodemográficos

De acuerdo con el Negociado del Censo, para los '70 existía una población de 18,733 personas. Esto representó un aumento poblacional de 15.4% en relación con la década anterior. La población avancina se encontraba en los siguientes barrios:

Barrio	Población
Pueblo	4,134
Caonillas Abajo	996
Caonillas Arriba	1,778
Hato Puerco Abajo	1,135,
Hato Puerco Arriba	3,297
Vacas	1,704
Villalba Abajo	2,740
Villalba Arriba	2,949

Fuente: Negociado del Censo

Había un total de 9,160 varones y 9,573 mujeres. 10,101 eran menores de dieciocho años de edad. 5,292 estaban en un rango de edades de entre 19 y 49 años. 1,563 personas se encontraban entre los 50 y los 64 años de edad. 1,062 tenían más de 65 años. El ingreso promedio era de $1,499.

Del total de habitantes mayores de 10 años de edad, 13,032 se encontraban alfabetizados, para un 84% de alfabetización. 5,598 habitantes se encontraban matriculados en algún curso escolar. 206 niños estaban matriculados en preescolar o jardín de niños. 4,856 cursaban los cursos entre primer y octavo grado. 1,287 cursaban la escuela superior.

El 47.4% de los varones mayores de 16 años se encontraba en el grupo trabajador. Ese porciento bajaba al 15.9 en el mismo renglón de la población femenina. De los 2,020 varones empleados, 1,391 trabajaban para la empresa privada, mientras que 377 lo hacían para el gobierno. Solo 50 trabajaban para el municipio. 224 personas reportaron trabajar por cuenta propia (lo que incluye a los comerciantes del patio). Con respecto a las mujeres, 326 trabajaban para la empresa privada, 299 para el gobierno y 30 para el municipio. 18 reportaban trabajar por cuenta propia.

Se oficializan nuestros símbolos

Los símbolos son la representación de lo que somos y lo que nos identifica. Cada nación tiene sus símbolos patrios y cada región, comunidad y pueblo también. Los símbolos de Villalba fueron presentados a finales de la década de los '70. Un grupo de ciudadanos, miembros del Centro Cultural de Villalba y educadores, colaboraron en el proyecto presentado ante la Asamblea Municipal y aprobado en 1978.

El diseño del escudo estuvo a cargo de Enrique de Jesús, un joven promesa del arte para aquellos años, por encargo de la profesora Helen Rodríguez, en nombre del Centro Cultural de Villalba.

EL ESCUDO Y LA BANDERA

El diseño del escudo de Villalba estuvo a cargo de Enrique de Jesús, quien se convirtió con el tiempo en uno de los mayores exponentes del arte a nivel de Puerto Rico. El escudo consiste de una villa puertorriqueña del siglo XIX, con seis casas y una iglesia de color plata. La iglesia está cargada de un escusón con las armas de la orden del Carmelo y, en jefe a la diestra, un lucero de plata. Al timbre, hay una corona mural de oro, de tres torres. La bandera deriva su diseño de los símbolos y esmaltes del escudo, con la diferencia de que en ella el oro y plata se sustituyen por los colores amarillo y blanco, respectivamente. Cuatro franjas horizontales, desiguales en su anchura, de arriba hacia abajo, verde, blanca almenada, verde y amarilla. En la franja superior izquierda, en blanco, el lucero del escudo.

155

La década y sus líderes

Los '70 estuvieron marcados por la sucesión de liderato, tanto en relación con la administración municipal como con los movimientos de la época. En 1972, Ramón Negrón fue sucedido en la alcaldía por Adrián Rosado Guzmán, un servidor público que se había destacado en el Programa de Educación a la Comunidad. A la Asamblea Municipal fueron electos Ismael Cervoni, Ramón Orta, Serafín Rivera, Wilfredo Santos, Domingo Rivera, Luis Guillermo Pérez, Teresa Rivera, José Juan Alvarado, Ramón Torres, Pedro Julio Torres, Enudio Negrón y Víctor Santos.

El alcalde Adrián Rosado Guzmán, junto al Secretario de la Vivienda José Enrique Arrarás, en un sorteo de parcelas. Foto cortesía de Agneris Guzmán.

En 1976, Rosado Guzmán se convierte en el primer incumbente en enfrentar una primaria para el puesto[129]. Ese mismo año es electo Wilfredo (Wito) Negrón Martínez; el segundo alcalde novoprogresista. Enudio Negrón es electo presidente de la Asamblea Municipal, compuesta además por Néstor Algarín, Víctor López, Gloria García, Orlando Hernández, Romualdo Torres, Ernesto Estada, Martín Morales, Elasio Echevarría, Wilfredo Santos, Domingo Rivera y Néstor Vargas Gratacós.

---

[129] Félix Luis Hernández había enfrentado primarias la década anterior, pero no por la Alcaldía sino por el liderazgo del Partido Popular.

Adrián Rosado Guzmán

Electo alcalde en 1972, Adrián Rosado Guzmán se había dedicado a la educación de las comunidades, principalmente de aquellas más desventajadas socioeconomicamente. Hombre de gran sencillez en el trato, es recordado por ser ejemplo de honestidad en el servicio público.

La economía en los '70

Los años setenta representaron para Villalba una época de esplendor económico. El comercio local se fortalece. Algunos de los comercios que se anuncian en la década son el Centro Estilismo Villalbeño[130], Unicentro Educativo, el Rest. Valle Verde, la Cafetería-Colmado La Fe, Mayra's Bakery, Tienda Hilda, la tienda de Juan Díaz, la Farmacia San Antonio, Supermercado La Vega, Práxedes Luna's Store, La Constancia, Ferretería La Borinqueña y la Mueblería El Pino, de Osvaldo Criado, entre otros.

A mediados de la época se establece la industria que marcaría la economía villalbeña por más de medio siglo: *Medtronic*. Comenzó con una humilde plantilla de 30 empleados. Fue el propio Earl Bakken, cofundador de la empresa e inventor del marcapasos externo, quien seleccionó a Villalba como el lugar idóneo para establecerse en Puerto Rico[131]. La compañía se acopló a la vida cotidiana de Villalba de manera casi inmediata y creció hasta convertirse en un importante motor económico, sobre todo en la creación de empleos y el auspicio para proyectos deportivos, culturales y educativos. Se une así a otras empresas, como Westinghouse y la enlatadora Libby's, que operan ya como parte de nuestra vida cotidiana.

---

[130] El Centro Estilismo Villalbeño, de Hilda Gratacós y Junior Torres, fue el primer centro de belleza unisex.
[131] Custodio, 2009

157

Wilfredo (Wito) Negrón

Wilfredo (Wito) Negrón Martínez fue electo alcalde en 1976 y reelecto en 1980. Educador de profesión, fue líder magisterial antes de entrar al campo político.

La década en obras

Los años '70 fueron prolíferos en cuanto a obras de infraestructura y otras que le brindaron a Villalba un impulso importante.

Con la adquisición de la finca Saurí bajo la administración de Ramón Negrón, se hicieron realidad grandes proyectos de desarrollo socioeconómico. Durante esta década se culminó la construcción de la represa Toa Vaca, lo que representó una importante inyección para los abastos de agua de toda la región sur de Puerto Rico. También fueron desarrollados importantes proyectos de vivienda, tales como las parcelas Toa Vaca (también conocidas como Parcelas Hatillo), la extensión de Alturas de Villalba y otros.

A finales de la década comenzó la construcción de la escuela intermedia urbana (posteriormente Norma I. Torres) y el residencial Maximino Miranda (inaugurado al iniciarse la siguiente década).

Las clases graduadas

Durante los '70, nuestras clases graduadas estuvieron presididas por José Criado Luna (1970), Leopoldo Santiago (1971), Víctor Laboy (1972), José (Chey) Pagán (1973), Edgardo Hernández (1974), Francisco (Anky) Ríos (1975), José Juan Negrón (1976), Filiberto Guzmán (1977), Enrique (Kike) Ríos (1978) y José Suárez (1979).

Arte y cultura en los '70

Hay un resurgimiento cultural durante los '70. Esta es la época en que nace el Centro Cultural de Villalba, organización cuya misión se centraba en la protección de nuestra identidad y la promoción de nuestro acervo cultural. Jaime M. Rodríguez, Pablo León Hernández, Teodoro Pérez, Olmiraida Rodríguez, Helen Rodríguez, Daniel Santos, entre otros pioneros, entre otros pioneros, honrarían nuestra cultura a lo largo de la década.

También es la época en que nace la *Revista Avancina*, que a pesar de estar enmarcada en el deporte tuvo un indudable impacto cultural. Noel Rosado Sanabria y Jorge (Chiqui) Marrero son los arquitectos de este proyecto que vendría a llenar un importante espacio en la cultura avancina.

En estos años inicia su carrera magisterial un profesor de música que habría de cambiar el panorama cultural villalbeño: José Luis Rivera, Chele. Una de sus primeras iniciativas fue la organización de coros estudiantiles, para lo cual se trasladó a cada una de las escuelas de Villalba logrando hacer de la música un elemento fundamental de la vida estudiantil en todos los niveles académicos. En 1977 inicia una tradición que perdura hasta nuestros días: el Concierto de Navidad celebrado cada año en el templo católico. Igual filosofía de compromiso social desarrolló el profesor Pablo León Hernández, quien organizó durante esta década la Banda Escolar de Villalba.

José (Tony) Pérez destaca en la pintura y el muralismo religioso. También se convierte en un evangelista de reconocimiento internacional. Estos también fueron los años de desarrollo para tres villalbeños que brillaban en el mundo del arte: Domitilo Negrón, Enrique de Jesús y Jesús Ortiz.

El profesor Pablo León Hernández dirige a los estudiantes de la Banda Escolar de Villalba. Foto publicada en redes sociales.

159

Guillermo González

Atleta y ciudadano de primer orden, representó a Puerto Rico en los Juegos Olímpicos de Múnich '72. Durante esta década compitió además en los Juegos Centroamericanos (Ciudad de Panamá '70), los Panamericanos (Cali '71) y los Universitarios Mundiales de Moscú '73, entre otros.

El deporte en los '70

Al igual que sucedió en el sector económico, los '70 fue una década de gloria para el deporte villalbeño. La Media Maratón de Puerto Rico se establece como el evento cumbre del atletismo nacional. Carlos Báez (1970), Guillermo Rodríguez (1971), Monserrate Rodríguez (1972), Eduardo Vera (1976) y Sadat Meléndez (1979) obtienen el campeonato en sus respectivos años. José Elías de Jesús escribe una nueva página en la historia del evento al coronarse en cinco ediciones de la década (1973,1974,1975, 1977 y 1978).

El evento continuó siendo precedido por un fastuoso desfile. Fue así como Blanca Nazario (1970), Maritza Martínez (1971), Nydia Colón (1972), Lilliam Rivera (1973), Ivonne González (1974), Sonia Guzmán (1975), Maribel Martínez (1976), Ivelisse Miranda (1977), Lynnette Borrero (1978) e Isabel Flores (1979) se convirtieron en reinas de la Media Maratón.

También en los '70 brilló para Villalba la llama olímpica en un evento de atletismo. Los vigésimos juegos olímpicos se llevaron a cabo en Múnich, Alemania, entre el 26 de agosto y el 11 de septiembre de 1972. Guillermo (Guillo) González, cuyas marcas de 10.2 en 100 metros y 20.6 en 200 metros le convirtieron en atleta de categoría mundial, marcó la historia villalbeña al participar en los Juegos Olímpicos de Múnich '72.

Durante el primer lustro de la década, González también representó a Puerto Rico en los Juegos Centroamericanos de 1970, los Juegos Panamericanos del '71 y los Juegos Universitarios Mundiales en Moscú en 1973. También le brindaron gloria a Villalba durante esta década Erasto Mercado, Hijo, Pablo (Bertin) Gómez, Víctor Laboy, Rubén Meléndez, Eduardo (Hunga) Maldonado, Jorge (Güábara) Pérez, Ramón (Jun) Colón, Luis Rivera y Héctor (Papo) Díaz. Rivera y Díaz pertenecían al equipo nacional de atletismo. De su parte, Raúl Rodríguez Berríos dio lustre al pueblo al convertirse en el primer villalbeño en comandar un equipo nacional de atletismo, como jefe del equipo masculino para los Juegos Panamericanos de 1979. Fue secretario ejecutivo de la Liga Atlética Interuniversitaria (LAI) y representante de esta entidad en los Juegos Mundiales Universitarios de Moscú.

El béisbol en los '70

Los '70 también fueron una época de grandes triunfos en el béisbol. Al comenzar la década, Ángel Torres Burgos y Néstor Burgos adquirieron para Villalba la franquicia de la Confederación de la Liga Central de Béisbol Aficionado (COLICEBA-Triple A). Torres se convirtió en apoderado y Miguel (Pico) Bonilla en coapoderado. Su primer dirigente fue Orlando Rodríguez.

En 1971 el equipo consigue su primer subcampeonato. En este equipo se destacaron los villalbeños Tito Bonilla, Jaime Bonilla y Gongo Burgos. "Titi" Colón Tapia fue su madrina, mientras que José (Penpén) Alvarado fue su mascota[132]. Dos años después, en 1973, Villalba obtuvo su primer campeonato con Víctor (Vitín) Arroyo como apoderado y Elvin Rodríguez como dirigente. Jaime Bonilla y Luis (Wiso) Martínez asistieron a Rodríguez. El equipo regular contaba con Félix (Gato) Rivera, Aníbal Rosario, Ídel Vázquez, José (Pocho) Andújar, José Renovales, Ferdinand Santiago, Luis (Peggy) Mercado, Héctor Vélez, Tony Cruz, Rogelio Negrón, Félix Malavé, José Suárez y Wilbert Madera[133].

Cinco años después, en 1978, se obtiene el segundo campeonato nacional. Fue gracias a Jaime Bonilla, Neftalí Negrón y Bertin Gómez, quienes se hicieron cargo de mantener la franquicia del equipo. Lino Negrón fungió como apoderado, Ídel Vázquez como dirigente y Efraín Raspaldo como coach. En el equipo jugaron Israel de Jesús, José Luis Torres, Jorge Cruz, Arnaldo Espada, Harry Pagán, Abimael Rosario, Miguel Mangual, Alberto Ventura, Félix Moret, Alberto Vázquez, Elliut Caraballo, Efraín (Bizcocho) Colón, Rogelio Negrón, Tony Cruz, Félix Malavé, Wilbert Madera, "Cuco" González, David González, Alby Díaz, Jorge Santos, Jaime Bonilla, Kuky Hernández y Pedro Juan Santos[134].

---

[132] Lo seguiría siendo por 17 años consecutivos.
[133] Marrero, en *A orillas del rio Jacaguas*; pág. 342
[134] Ídem

Luis (Wiso) Rodríguez

Luis (Wiso) Rodríguez fue uno de los villalbeños firmados en la década de los '70 para jugar béisbol profesional y también para jugar en equipos en los Estados Unidos. Jugó para los Astros de Houston a principios de la década de los '70. Rodríguez jugaba para el equipo de la Liga Preparativa (1968-70).

También fue a finales de los '70 cuando se organizó la liga Clase A en Villalba. Fue bajo el liderato del profesor Bertin Gómez que iniciaron los preparativos en 1979. Un año después se organizó formalmente la participación de Villalba en la liga[135].

Los años '70 dieron como resultado la firma de algunos villalbeños por parte de equipos estadounidenses. Tal es el caso de Luis (Wiso) Rodríguez, quien fue firmado por los Astros de Houston y Rosendo Rentas, firmado por las ligas menores de Boston.

Las Artes Marciales

En los '70 toma auge en Villalba una corriente deportiva oriental: las artes marciales. Luis León ofrece lecciones de artes marciales a los jóvenes del pueblo, como herramienta para mantener la mente sana, en un cuerpo sano. También lo hace un joven Ramón Olivieri, que habría luego de convertirse en referente a nivel internacional.

La carrera de los Reyes Magos en Mogote

Para mediados de la década, nació uno de los eventos deportivos-culturales

---

[135] López, 2007

que permanecerían por décadas: el maratón de los Reyes Magos, en el sector Mogote. Fue el deportista Junior Pagán quien ideó una carrera para celebrar las fiestas de epifanía. No solo creó un evento deportivo, sino una tradición cultural.

El alcalde Adrián Rosado Guzmán y los miembros del Comité de la Media Maratón de Puerto Rico, junto a Francisco de Jesús Chuck, Secretario del Departamento de Justicia actuando como gobernador interino. Aparecen, además, la primera dama Juanita Díaz, Cristina Martínez, Jaime Laboy, Ramón Orta y Domingo Rivera.

Dato de interés

La década de los '70 es una de las más fructíferas para el deporte villalbeño. Se solidifica la Media Maratón de Puerto Rico, convirtiéndose en el campeonato nacional; se obtiene la franquicia de béisbol triple A y se obtienen los primeros dos campeonatos; nos vemos representados en los juegos olímpicos; en fin, una década de ensueño para el deporte.

163

En la foto, Vicente Pérez, Antonio (Toñito) Figueroa, Jaime Laboy y José Gómez, gestionan la Media Maratón en los medios de comunicación.

El gobernador Rafael Hernández Colón, durante la ceremonia de corte de cinta de la extensión de salones de la escuela superior Francisco Zayas Santana. Aparece en la foto el profesor Jorge (Georgie) Zayas.

Plaza pública de Villalba en la década de los años '70. Foto de Domitilo Negrón.

A principios de los '70, la Administración Municipal organizaba regatas en el Lago Guayabal. Observan, el alcalde Ramón Negrón y la primera dama, Chemi Rivera.

165

Obra mural de Domitilo Negrón en honor a Roberto Clemente, principios de los '70. Junto a Negrón, el profesor y exatleta Héctor (Tito) Marrero, quien le brindó gloria a Villalba al representarnos en diversos deportes.

El balance de la década

Los '70 fueron años de renacimiento, tanto económico como sociocultural. Por un lado, el comercio local batalló y venció los retos de la época, que incluyó alta inestabilidad económica y política. Se establecieron comercios emblemáticos. Por otro lado, se establece la compañía que habría de marcar nuestra vida económica y laboral por las próximas cinco décadas: Medtronic.

Se construye obra pública que habría de hacer crecer nuestro pueblo y también nuestra población. No solo se planifican y comienzan a construir nuevos proyectos de vivienda pública, sino también importantes escuelas, como la escuela intermedia urbana. También se construye el embalse Toa Vaca.

Pero tan importante como todo eso, reafirmamos nuestra identidad. Nuestro acervo histórico y cultural se ve reflejado en los símbolos que adoptamos. Estamos listos para encarar el porvenir.

Capítulo 8
Los años '80

Resumen

Se registra un aumento poblacional equivalente al 10% con respecto a la década anterior.

Se culmina la construcción y se inauguran dos de los más importantes complejos de vivienda: los residenciales Maximino Miranda y Enudio Negrón. También se construye la Urb. Las Alondras.

Inicia una era política con la elección de Bernardo Negrón Montalvo como alcalde en 1983. Dos villalbeños son electos a la Cámara de Representantes en la misma década.

La economía no experimentó una década especialmente favorable en nuestro pueblo. La Cooperativa de Cultivo, principal símbolo del cooperativismo villalbeño, entró en sindicatura tan temprano como en 1982.

Se crea la Policía Municipal.

En términos deportivos, nace el Torneo de la Montaña, Villalba organiza su primer equipo de primera categoría en el baloncesto, obtenemos un nuevo subcampeonato en el béisbol, se crea el Instituto Villalbeño de Taekwondo y el Club de Trotadores.

En términos culturales, celebramos uno de los eventos más exitosos de nuestra historia reciente: el Carnaval del Gandul. Serranía en el Alba se instituye como referente cultural villalbeño.

Algunos datos sociodemográficos

Para 1980, la población en Villalba ascendía a 20,734 personas. Esto significó un aumento poblacional de más de 10% con respecto a la década anterior. Casi la mitad de la población era menor de dieciocho años. 46.9% de la población se encontraba en un rango de edad de entre 19 y 64 años. 6.9% de la población tenía 65 años o más. La mediana de edad era de 19.7 años. Diez años antes había sido de 16.4 años, lo que muestra una inclinación al envejecimiento de la población. Del total de la población, 10, 266 eran varones y 10,468 eran mujeres. Había un total de 4,572 hogares. Tan solo 91 personas mayores de 75 años vivían solas. Había un promedio de 4.5 personas por hogar.

De los 6,258 varones mayores de quince años, 2,347 se mantenían solteros, 3,490 estaban casado y 241 separados o divorciados. De las 6,579 mujeres mayores de quince años, 1,945 permanecían solteras, 3,582 estaban casadas y 503 se encontraban divorciadas o separadas.

Barrio	Población
Caonillas Abajo	1,056
Caonillas Arriba	1,473
Hato Puerco Abajo	934
Hato Puerco Arriba	6,980
Vacas	1,977
Pueblo	1,666
Villalba Abajo	2,940
Villalba Arriba	3,708

Fuente: Negociado del Censo

Dato de interés

A pesar de que casi la mitad de la población villalbeña en el censo del '80 tenía dieciocho años o menos, se registra un aumento en la edad promedio que avisa el futuro envejecimiento de la población

La década y sus líderes

La década de los '80 representó un antes y un después con respecto al liderato que dirigió los destinos de nuestro pueblo. En febrero de 1983, Wito Negrón renuncia a la alcaldía, aduciendo serios problemas de salud. Lo sucede en el puesto un joven y prometedor abogado, cuyo abuelo había dirigido la administración municipal sesenta años antes: Bernardo Negrón Montalvo. Con el pasar de los años, se convertiría en el alcalde con mayor cantidad de años en el puesto[136].

Junto con él, asumió el liderazgo un grupo de asambleístas municipales, muchos de los cuales participarían de los procesos decisionales por las próximas dos décadas. Fueron electos Ángel Torres, Rubén Torres, Ángel Colón Nazario, Edgardo Hernández, Mariano Cruz, Samuel Rodríguez, Enrique Salomé, Teodoro Rivera Vázquez, Rafaela Díaz y José Juan Flores Falcón. También lo fueron Roberto Laboy, Alberto Negrón y Oriol Vázquez. Flores Falcón pasaría a convertirse en el asambleísta municipal que mayor cantidad de años ocupó la presidencia del cuerpo legislativo municipal.

Más tarde (en 1988), fueron electos a la asamblea José Juan Flores Falcón, Rafaela Díaz, Miguel A. Burgos, Ruysdael Dávila, Ángel Luis Santiago, Samuel Rivera, Teodoro Rivera Vázquez, Enrique Salomé, Gerardo (Kiko) Alvarado, Héctor Hernández, Margarita Laboy, Alberto Negrón, José Enrique Santini y Eliezer Dávila.

También durante esta década estuvimos representados en la legislatura. En 1980, el Lcdo. José Uriel Zayas Bonilla fue electo a la Cámara de Representantes en representación de los municipios de Santa Isabel, Juana Díaz y Villalba. Fue reelecto en 1984. Reconocido por un carácter noble y una capacidad innata para el diálogo. El gobernador Hernández Colón lo nombró como Registrador de la Propiedad en 1987.

El Lcdo. Wilfredo Santos López fue electo para suceder a Zayas Bonilla en elección especial llevada a cabo en 1987. Se convierte en el primer legislador en juramentar su cargo fuera de Capitolio. Lo hizo en una actividad multitudinaria en su pueblo. En 1988 es reelecto al cargo. De esta forma, dos villalbeños se sucedieron en el cargo de representante a la Cámara por los pueblos de Villalba, Juana Díaz y Santa Isabel durante la década de los años '80.

---

[136] Hasta la fecha en que se escribe esta narración (2021).

Bernardo Negrón Montalvo

Bernardo Negrón Montalvo ejerció como alcalde de Villalba entre 1983 y 2000, convirtiéndose así, hasta esta fecha, en el primer ejecutivo con mayor cantidad de años ejerciendo el puesto. Fue, además, presidente de la Junta de Gobierno del CRIM y presidente de la Federación de Alcaldes.

Década de desarrollo

Durante los '80, Villalba experimentó un desarrollo que no había visto desde hacía tiempo. Fue en estos años que se construyó el complejo deportivo[137], incluyendo la primera pista atlética, cancha bajo techo, las facilidades de la Liga Atlética Policiaca, el centro de usos múltiples, el desvío Félix Luis Hernández, entre otros elementos. Se construyeron espacios de ocio, como la plaza del estudiante; se remodeló el viejo estadio Herminio Cintrón (incluyendo la instalación de su primera pizarra electrónica), se adoquinaron las aceras del casco urbano, se mejoró la infraestructura de acueductos. A principios de la década se inauguró la nueva escuela intermedia urbana. También la remodelada plaza pública.

Los '80 también fueron la década en la que se construyeron dos de los más importantes complejos de vivienda pública: el residencial Maximino Miranda (ocupado formalmente el 30 de septiembre de 1980) y el residencial Enudio Negrón (ocupado formalmente el 30 de noviembre de 1982)[138]. Ambos complejos residenciales fueron gestionados y construidos bajo la administración de Wilfredo (Wito) Negrón. También se construye la urbanización Las Alondras.

---

[137] La idea de dotar a Villalba de un complejo deportivo fue tomando forma desde la década anterior bajo la administración de Adrián Rosado Guzmán pero no fue sino hasta los años '80 que se convirtió en una realidad (Rosario, 1996: pág. 349).
[138] Alameda y Rivera, 2005

José Juan Flores Falcón

Electo por primera vez en las elecciones generales de 1984, José Juan Flores Falcón presidió la Asamblea Municipal (posteriormente conocida como Legislatura Municipal) durante la década de los '80 y los '90, convirtiéndose en el asambleísta que por más tiempo ocupó la presidencia del cuerpo.

Las clases graduadas

Durante los '80, los siguientes fueron los presidentes de las clases graduadas de la escuela superior Francisco Zayas Santana: Wilfredo Guzmán (1980), Fernando Rodríguez (1981), Roberto Laboy Torres (1982), Andrés López Alvarado (1983), Elvin Santiago (1984), Ariel Guzmán Alvarado (1985), Carlos J. Meletiche (1986), William González (1987), Ivette Cedeño (1988) y Menayra Pons (1989).

La Guardia Municipal

Creada en 1987, la Guardia Municipal representó un importante adelanto en términos de seguridad ciudadana y desarrollo social. Seis villalbeños fueron pioneros: Alfonso Cintrón, Georgina Morales, Juan Pablo Méndez Vázquez, Edwin González, Reinaldo Rivera y Juan Pablo López Santiago[139]. Todos fueron adiestrados como cadetes en la Academia de la Policía.

Su primer comisionado fue Herminio (Minín) González López. Al año siguiente se unen al grupo original: Pablo Marrero Pomales, Aracelis Bocachica, Carlos Miranda Rentas, Josué Torres Laboy y Luis García Morales[140].

---

[139] López, 2007; pág. 502
[140] Ídem

La Policía Municipal de Villalba inició el primero de julio de 1987. En la foto, los primeros integrantes junto al Comisionado Herminio González, quien les dirigió desde ese año hasta el 2000, y la Sra. Gloria Colón Rivero.

La economía en los '80

En el transcurso de la década, existían en Villalba varias fábricas y un gran número de comercios. Continuaban destacándose *Medtronic* y *Westinghouse* como modelos de la economía de la época. También operaba la *United Rubber Roller*, *Negrón Ice Plant*, entre otras industrias que movían la economía villalbeña. Sin embargo, otras empresas comienzan a enfrentar serios problemas económicos. Tal es el caso de la *Villalba Vegetable Growers Cooperative Association*, que entra en sindicatura en 1982. Por las mismas razones, la enlatadora *Libby's* cesa operaciones durante estos años. También deja de existir uno de los negocios emblemáticos del casco urbano, en operaciones desde principios de la década del '50: el Teatro Negrón.

Se anuncian para aquella época: Unicentro Educativo, Librería y Novedades Sodi, Trópico, Cerámica y Floristería Villalba, Nuestro Cash & Carry, Dulcelandia, Video Films, Ahorros Cash & Carry, Apple's Boutique, El Túnel, Tienda La Constancia, Emmy's Superette, Checker's Boutique, Berríos Cash & Carry, Tierra Santa Superette, Marrero Auto Part's, Kolo Supermarket. Entre las industrias emblemáticas que nacen está la Farmacia Villalba, que habría de permanecer sólidamente durante las próximas décadas.

José Uriel Zayas Bonilla

Electo representante a la Cámara en las elecciones de 1980 y 1984 por el Distrito 26, que entonces se componía de los pueblos de Juana Díaz, Santa Isabel y Villalba. Contable y Abogado. En 1987 fue designado como Registrador de la Propiedad.

Wilfredo Santos López fue electo representante a la Cámara en 1987. Reelecto en 1988. Presidió la Comisión de lo Jurídico Civil. En la década anterior se había convertido en el asambleísta municipal más joven de la historia hasta entonces. En 1992 es nombrado a la Judicatura.

173

¡El carnaval!

Los '80 fueron años de gran actividad cultural. Uno de los eventos más memorables fue creado por la Cámara Junior de Villalba[141]: el Carnaval del Gandul. Corría el mes de noviembre de 1980, Carlos Pagán y Adalberto Rivera, miembros entonces de la organización, presentaron la idea de organizar y llevar a cabo un evento cultural en el que todas las comunidades se unieran en confraternización y alegría.

Acogida la idea con beneplácito, se creó un comité timón. Además de Rivera y de Pagán, que fueron designados como director y subdirector, respectivamente, el comité estaba compuesto por William Pérez (para entonces presidente del capítulo de Villalba de la Cámara Junior), Wilfredo Santos, Osvaldo González (quien también fue director del carnaval) y Edwin González Colón. El resto de la matrícula también colaboraría con la organización del evento[142]. Otros miembros de la Cámara Junior, como Héctor L. Laboy, Julio Pérez Tirado, Luis Burgos, Eugenio (Fige) López, Mariano Rivera, Samuel (Sammy) Negrón y Gilberto Sánchez, entre muchos otros, también formaron parte de los comités subsiguientes.

Durante varios años consecutivos, el Carnaval del Gandul sirvió como elemento unificador de nuestra sociedad. Las diferentes comunidades se unían en sana competencia, se hacían comparsas, vistosos desfiles, un reinado y presentaciones artísticas. El carnaval original se llevó a cabo durante cuatro años consecutivos. Las correspondientes reinas fueron Brenda Vázquez (1981), Jenny Torres (1982), Lyssia Monik (1983) e Isabel Pérez (1984).

◄ Como parte del carnaval, se llevaba a cabo un vistoso reinado. En la foto, la Srta. Jenny Torres, reina del carnaval en el año 1982.

---

[141] La Cámara Junior es una organización juvenil de carácter internacional, que tiene como propósito lograr cambios positivos en la sociedad.
[142] Revista del Carnaval del Gandul, 1984

◄ En lugar de un Rey Momo, como es costumbre en los carnavales, Domitilo Negrón ideó un Rey Gandul, lo que se convirtió en elemento distintivo. Abajo, el famoso gusano formó parte de las comparsas de La Vega durante los cuatro años que se llevó a cabo el carnaval. En la foto, la Srta. Vionette de Jesús (QEPD)

Los deportes en los '80

En los '80 se alcanzaron grandes logros y se iniciaron nuevos proyectos que hoy perduran. Nace la Carrera Johnny E. Laboy en el sector Camarones. En 1983, Eladio Díaz unió su nombre al selecto grupo de villalbeños en entrenar equipos nacionales, cuando fue entrenador del equipo nacional femenino de atletismo para los Juegos Panamericanos Caracas '83. A principios de la década, Filiberto Guzmán Alvarado es seleccionado como Jugador más Valioso de la Universidad Católica en las Justas de la LAI. Debutó en 1980 en el Baloncesto Superior Nacional. Melvin Morales nos representa a nivel internacional en el atletismo.

Al final de la década se organiza el Club de Trotadores de Villalba. Aunque hacer "jogger" era una práctica de décadas, es durante los '80 que un grupo de deportistas se organizan formalmente. Su primera junta directiva estuvo compuesta por José (Pepito) Colón, Anibal Montes, Vicente (Centy) Pérez, Lourdes Olivieri y Héctor Díaz Hernández. El club fue inscrito en el Departamento de Estado en 1989.

En 1985 se inicia una tradición baloncelística, cuando se lleva a cabo el primer Torneo de la Montaña[143]. La idea era una competencia deportiva en el baloncesto, entre equipos representativos de los diversos barrios villalbeños. De los torneos celebrados en el segundo lustro de la década, el equipo de Aceituna se coronó campeón en cinco (1985, 1986,1987 y 1989). También en 1990. Vacas se coronó campeón en 1988. En 1986 se organiza el primer equipo de baloncesto de Primera Categoría, bajo el liderazgo de Luis (Luisito) Guzmán. Junior Echevarría les dirige en los primeros dos años. En el '88 y con Héctor (Cuco) Burgos como dirigente, los Avancinos de Villalba se coronan campeones de Puerto Rico. El equipo estaba compuesto por Filiberto Guzmán, Ariel Guzmán, Manuel Rosario, Willhelmus Cannen, Johnny Caraballo, Luis Ojeda, Iván Ruiz, José Rivera Murillo, Edgardo Rivera Murillo, Juan Gesualdo, Orsky Rivera, Axel Ramos y Franco Negrón como jugadores y por Luisito Guzmán (Apoderado), Noel Rosado Sanabria (Coapoderado), Héctor "Cuco" Burgos (Dirigente), Frankie Hernández (Asistente), Jorge "Chiqui" Marrero (Gerente General), José "Pepito" Colón (Relaciones Públicas) y César Pérez (Terapista-Masajista).

Un año después, los Avancinos alcanzaron el subcampeonato. La plantilla administrativa fue la misma del año anterior. Los jugadores fueron: Ariel Guzmán, Melvin Vázquez Roche, Johnny Caraballo, Fabián Pérez, Johnny Echevarría, Héctor Cartagena, Manuel Rosario, John Maldonado, Roberto Collado, Julio Llamas, José Rivera Murillo, Luis Alfonso, Pedro Cintrón y Ángel Class.

---

[143] Posteriormente conocido como Torneo Pedro Pagán

La media maratón

Con respecto a la Media Maratón de Puerto Rico, la década se inicia con las victorias de Héctor (Papo) Díaz, quien se corona en 1980 como el segundo villalbeño en ganar la competencia desde que se fundó en 1968. También se coronó en las ediciones de 1981 y 1982. José Elías de Jesús gana en 1983 y 1984, mientras que Jorge (Peco) González lo hace en 1985 y 1989. Pablo Rodríguez obtiene el triunfo en 1986 y Néstor Moreno en 1988. Un año antes, en 1987, Eduardo (Hunga) Maldonado se convierte en el tercer villalbeño en alcanzar la victoria en el campeonato nacional del fondismo puertorriqueño. En los '80, Héctor (Papo) Díaz y Eduardo (Hunga) Maldonado fueron sin duda los mejores exponentes del atletismo villalbeño, así como glorias del fondismo puertorriqueño. Con respecto al reinado de la Media Maratón, fueron coronadas Bethzaida Bonilla (1980), Marisel Torres (1981), Mayra Martínez (1982), Sayonara Santiago (1983), Angie Ramírez (1984), Nereida Torres (1985), Nélida Colón (1986), Maribel Pérez (1987), Ada Torres (1988) y Dandy Rodríguez (1989).

Un sonriente Héctor (Papo) Díaz llega a la meta de la Media Maratón de Puerto Rico, convirtiéndose en el segundo villalbeño en alcanzar la victoria desde que inició a celebrarse el evento en 1968.

Otra de las glorias deportivas de los años '80 fue Mercedes (Tete) Ríos Mera. En 1983, debuta en las Justas de la LAI participando en 11 eventos en dos días (5 semifinales y 6 finales), hazaña que repetiría durante sus cuatro años de participación en la Justas Interuniversitarias. En su primer año acumuló 24 puntos y 5 medallas, un total sobresaliente e impresionante para cualquier atleta de nivel universitario. De esta manera, fue pieza medular en la conquista del Campeonato por parte de las Tigresas de la Inter. La temporada del 1984-1985 fue una de consagración para la joven avancina. Pasó de ser una especialista en los 100 y 200 metros a una atleta que formó parte del equipo de "Heptatlón" que conquistó el campeonato LAI durante el primer semestre académico. En las Justas de 1984 vuelve a demostrar sus quilates y logra acumular más de 20 puntos para que las Tigresas revalidaran como campeonas de las Justas. Ese año forma parte de las cuartetas nacionales del 4 x 100 metros y 4 x 400 metros.

Hunga Maldonado

Eduardo (Hunga) Maldonado se convirtió en los '80 en una de las glorias del deporte avancino. En 1987 se convierte en el tercer villalbeño en obtener el campeonato de la Media Maratón de Puerto Rico en Villalba. Hunga Maldonado representó para Villalba un embajador del fondismo y el deporte en general.

Béisbol en los '80

En el primer lustro de la década, Villalba regresa a jugar béisbol Clase A, gracias a los esfuerzos del profesor Pablo (Bertin) Gómez. De 1980 a 1982, el equipo fue dirigido por Raúl Pérez Marrero. De 1982 a 1984, por el exjugador Jaime Bonilla. También es la década de Carlos Bonilla y Carlos José DeJesús, quienes incursionaron en las ligas menores estadounidenses. Bonilla jugó como Campo Corto para los Dodgers, mientras que DeJesús jugó como Receptor con los Bend Phillies[144]. Además, Johnny Maldonado Criado se convirtió también en los '80 en parte del selecto grupo de villalbeños en

---

[144] Baseball Reference, 2021

hacer carrera en los Estados Unidos, cuando jugó como lanzador para los Bravos y posteriormente fue firmado por Texas.

José Víctor (Pito) Meléndez y la medalla olímpica

De todos los logros deportivos de los '80, seguramente el más importante fue la medalla de bronce obtenida por el equipo nacional de béisbol en las Olimpiadas de Seúl '88. José Víctor (Pito) Meléndez fue parte de la historia al traer consigo la única medalla olímpica de nuestra historia avancina, hasta el momento.

El Instituto Villalbeño de Taekwondo

En esta década surge uno de los institutos deportivos que mayor prestigio le han dado a Villalba: el Instituto Villalbeño de Taekwondo. El profesor Ramón Olivieri no solo enseña artes marciales; enseña disciplina y respeto. Busca el balance del ser humano a través de técnicas milenarias. Los integrantes del instituto forman parte del equipo nacional. La primera presea dorada la obtiene Jerry Torres, en los Juegos Panamericanos Indianápolis '87.

Las artes y la cultura en los '80

Los '80 fueron años de renacer cultural. Además de la celebración del Carnaval del Gandul, había una serie de eventos de arte y cultura que mantuvieron viva la confraternización en nuestro pueblo. También algunas figuras se destacaron durante esta época, tanto en solitario como en conjuntos. Tal es el caso de Serranía en el Alba, una agrupación netamente villalbeña, promotora de música puertorriqueña y latinoamericana. José Luis Rivera (Chele), Antonio (Tony) Rodríguez, Brunilda Guzmán, Edgardo Marrero y Víctor Laboy, fueron vocales a la hora de mostrarle al mundo el talento villalbeño y se convirtieron en embajadores de nuestra cultura. Otro villalbeño que se destacó en el plano nacional e internacional lo fue Ángel

179

(Pocholo) Vélez, quien se inició en la música en los '70, pero se catapultó en el mundo artístico durante esta década. Mayte Flores es nuestra embajadora en el mundo de la actuación a nivel nacional.

Al final de la década nace un evento cultural que perduraría por los próximos treinta años: la Feria Nacional de Toleteros y Juntacosas. Fue el Profesor Noel Rosado Sanabria y su familia quienes se dieron a la tarea de realizar un magno encuentro de coleccionistas de todo Puerto Rico, con el objetivo de reunir en un mismo lugar los pedazos de historia que pueden hallarse en colecciones privadas, poniéndolos a disposición del público en general.

◄ Aunque comenzó su carrera profesional a mediados de los '70, fueron los años '80 los que catapultaron a Ángel (Pocholo) Vélez en el mundo artístico internacional. Durante aquellos y los siguientes años, colaboraría con Johnny Torruellas, la Sonora Ponceña, Tony Vega, Tito Rojas, Tommy Olivencia, entre muchos otras agrupaciones y artistas de carácter internacional. En la foto aparece junto a Tito Puente.

La Banda Escolar, dirigida por Pablo León Hernández, durante un día de juegos a finales de la década de los '80.

Helen Buchanan

En 1980 fallece Helen Buchanan, una de las mayores benefactoras de nuestro pueblo desde sus inicios.

Casada con Walter M^{c}K Jones, Buchanan contribuyó mediante un importante capital a la solvencia económica del municipio y el bienestar de los más desventajados. Solventó empresas, contribuyó a causas nobles, protegió a los pobres y amó tan profundamente a Villalba que, al morir, sus cenizas fueron depositadas junto a las de su esposo en la Finca Limón.

Foto cortesía de Jossean Santiago

El balance de la década

Una vez más enfrentamos una década de altibajos. Las empresas cooperativistas pierden fuerza y entran en sindicatura, amenazando con dejar de existir. También perdimos empresas como la enlatadora Libby's, que habría de dejar de operar luego de décadas de servicio. Sin embargo, el comercio local sigue vibrante durante esta época e incluso surgen nuevos comercios, algunos de los cuales permanecen hoy día.

Por otro lado, se construyen e inauguran obras públicas en un periodo de tiempo extraordinario. Desde proyectos de vivienda pública y privada, hasta obras que servirían para el desarrollo municipal. El casco urbano ve un renacer en su infraestructura. La creación de la Guardia Municipal, posteriormente convertida en Policía Municipal, es uno de los mayores aciertos de la década.

La década de los años '80 sentaría las bases para el desarrollo que habría de experimentar Villalba en los años venideros.

Bernardo Negrón Montalvo fue el primer alcalde en establecer lazos directos con el gobierno federal. En la foto, en un aparte con el presidente Ronald Reagan. Foto cortesía de José Juan Flores Falcón.

Centro de Usos Múltiples (hoy conocido como Salón de Recepciones del Gobierno Municipal) fue construido en la década de los años '80.

Plaza pública de Villalba en la década de los años '80. Hasta entonces era conocida como Luis Muñoz Rivera, pero al ser remodelada bajo la administración de Wilfredo Negrón Martínez fue rebautizada como plaza José Ramón Figueroa. Foto cortesía de D. Negrón.

◄ La primera dama Kate Donnelly de Romero hace el corte de cinta de una obra municipal en los primeros años de los '80, junto al entonces alcalde Bernardo Negrón.

183

El gobernador Carlos Romero Barceló en Villalba, participando de los actos de juramentación de Bernardo Negrón Montalvo como alcalde. Aparecen, además, Teodoro Rivera Vázquez y la Primera Dama Rosin Rodríguez.

El Parque Herminio Cintrón fue remodelado en los '80, experimentando un importante cambio estructural, que incluyó la instalación de su primera pizarra electrónica.

184

En los '80, Villalba experimentó un auge en la promoción del deporte, incluyendo la construcción de modernas facilidades en el Complejo Deportivo.

A finales de los '80 comienza la construcción de las facilidades de la Liga Atlética.

Una estampa de la vida escolar y deportiva de los '80. En la foto, el profesor Bertin Gómez entrevista a Pedrito Pérez, quien luce orgulloso sus cintas, mientras observa Iván Martínez. Foto cortesía de Melvin Vázquez.

Selección de Villalba 13-15 años de las Pequeñas Ligas de Puerto Rico. En la foto: Maguele Rodríguez (Apoderado), Vicente Pérez (Dirigente), Jaimito Menéndez, Johnny Maldonado, Juan Gómez, Carly Rodríguez, Orland Gómez, Miguelito Rodríguez, Carlitos Bonilla, Alexis Sosa, Tito Bonilla (Coach), Ricky (Chavo) Mercado, Berto Guzmán, Kermit Siuró, Elliot Pérez, Vicente (Papo) Pérez y Charlie Ríos. Carlitos Bonilla y Johnny Maldonado fueron firmados por las ligas menores de los Estados Unidos en los '80. La mayoría del equipo jugó béisbol Doble A y Triple A

Capítulo 9
Los años '90

Resumen

Los '90 son años de desarrollo. Se construyen importantes obras de infraestructura y se desarrollan proyectos de desarrollo socioeconómico.

Formamos parte de los eventos de los Juegos Centroamericanos y del Caribe Ponce '93, así como alojamos la Villa de los Jueces de aquel importante evento deportivo. Participamos por primera vez en el Baloncesto Superior Nacional. Nace la carrera Carlos Báez. Obtenemos varios subcampeonatos en el béisbol.

En asuntos económicos, la década se presenta ambivalente. Mientras la compañía *Medtronic* crece y desarrolla nuevos proyectos, otras como *Westinghouse* desaparecen de nuestro escenario. Además, perdemos entidades icónicas, como la Cooperativa de Consumidores de Villalba, la Farmacia Cooperativa, la Ferretería Cooperativa y la emblemática Cooperativa de Agricultores.

En términos culturales, los '90 fueron años de gran actividad. Se desarrollan y celebran festivales en las comunidades, como el Festival del Ñame, además de actividades de pueblo como el Festival Navideño. Sin duda, la actividad cultural cumbre fue el Festival de Voces Villalbeñas, organizado por el Prof. José Luis Rivera. Además, Villalba se ve representada en la actividad mundial más representativa de la diversidad cultural: la Feria Mundial de Sevilla de 1992.

Algunos datos sociodemográficos

Para 1990 había en Villalba un total de 23,559 habitantes. 11,943 eran mujeres, mientras que 11,616 eran varones. 40.8% eran menores de 18 años. 12.2% se encontraba en un rango de edad de entre 18 y 24 años; 26.4% en un rango de entre 25 y 44 años; 13.1% en un rango de entre 45 y 64 años; 7.4% tenía más de 65 años. La mediana de edad era de 23.1 años.

El 72.3% de las familias vivían bajo el nivel de pobreza[145]. El ingreso per-cápita era de $2,416 dólares. En promedio, los varones ganaban $9,351 dólares, mientras que las mujeres ganaban un promedio de $8,672 dólares.

23.3% de la población mayor de 16 años que se encontraba en situación laboral, lo hacía en ocupaciones gerenciales o profesionales;17.7% en ocupaciones técnicas, de ventas o apoyo profesional; 20% laboraba en el área de servicios; 4.7% se dedicaba a la agricultura o la pesca; 12.3% en ocupaciones de producción; 22.1% trabajaba como operadores, fabricantes u obreros.

14.3% de la población total no sabía leer, ni escribir[146]. De las 13,199 personas mayores de 16 años que habitaban en el municipio, 457 tenían algún tipo de adiestramiento vocacional. 39.9% de la población mayor de 16 años se encontraba en el grupo trabajador.

Barrio	Población
Villalba Arriba	5,792
Villalba Abajo	2,998
Caonillas Arriba	1,333
Caonillas Abajo	967
Hato Puerco Arriba	7,967
Hato Puerco Abajo	1,438
Vacas	1,956
Pueblo	1,108

Dato de interés

El censo de 1990 registra una disminución en la población menor de dieciocho años, mientras que aumenta la edad promedio de la población.

---

[145] A nivel de Puerto Rico era de 55.3%
[146] A nivel de Puerto Rico era de 10.4%

La economía en los '90

Los años '90 resultaron agridulces para la economía villalbeña. Por un lado, la compañía *Medtronic* expandió sus operaciones. Para ello, adquirió una nave industrial existente en las cercanías, propiedad de la Administración de Fomento. Allí construyó unas nuevas y modernas facilidades que, no solo representó la ampliación de la producción, sino una importante fuente para nuevos empleos.

Sin embargo, también fue la década en que perdimos la mayor parte de las empresas nativas fundamentadas en el principio cooperativista. La cooperativa de Consumo, que operaba lo que en su momento fue el primer establecimiento de autoservicio en Puerto Rico, cerró sus puertas para siempre. El cierre también fue el destino de la Farmacia Cooperativa, La Cooperativa de Agricultores y la Ferretería Cooperativa. También fue la década en que *Westinghouse* cesó operaciones.

Las obras de la década

Durante esta década se desarrollaron importantes proyectos de infraestructura. Se inaugura el Campamento de la Liga Atlética Policiaca, se rediseña y construye una nueva plaza pública, se construye una nueva estación de bomberos, se planifica la nueva escuela superior. También se diseñan y surgen nuevos proyectos de vivienda, tales como la urbanización Estancias del Mayoral (primera y segunda extensión), Mayoral Apartments y Alturas del Alba. Se construye, además, el centro de bellas artes (posteriormente bautizado con el nombre de Adrián Rosado Guzmán) y el terminal de carros públicos (bautizado con el nombre de Ismael Zaragoza).

Centro de Bellas Artes de Villalba. Foto publicada en redes sociales

189

La década y sus líderes

Para los años '90, Bernardo Negrón Montalvo afianzó su liderazgo, convirtiéndose además en líder de los alcaldes federados de Puerto Rico, miembro de la Comisión para la Reforma Municipal, presidente de la Junta de Directores del Centro de Recaudaciones de Ingresos Municipales y miembro de varias asociaciones de líderes a nivel estatal, federal e incluso en Latinoamérica. Compartió el liderazgo del municipio con los siguientes legisladores municipales[147]: José Juan Flores Falcón, Samuel Rodríguez, Miguel Negrón, Erasto Mercado, Carmelo González, Rafaela Díaz, Ruysdael Dávila, Enrique Salomé, Margarita Laboy, Teodoro Rivera Vázquez, José Enrique Santini, Jorge Ortiz Colón, Jorge (Chiqui) Marrero, Teodoro Rivera Olmeda, Lupercio Rivera (Jimmy Galán), José (Guillo) Colón, José Luis Miranda, Andrés López Alvarado, Peter Flores y Eliezer Dávila.

El gobernador Rosselló González visita Villalba en 1993 para participar de la juramentación del alcalde Bernardo Negrón Montalvo. Foto Archivo Histórico de Villalba.

---

[147] Hasta 1991, los cuerpos legislativos municipales se conocían como Asambleas; pero a partir de la Reforma Municipal pasaron a ser conocidos como Legislaturas Municipales.

190

Las artes y la cultura

En la década de los '90, se desarrolló un movimiento cultural extraordinario. Enrique de Jesús y Jesús Ortiz son los artistas más reconocidos nacionalmente. Norberto Roche se destaca como artesano y tallador. También brillamos en muchas partes del mundo. Los mayores embajadores del arte durante la década de los '90 fue el grupo Serranía en el Alba, quienes fueron vocales a la hora de mostrarle al mundo el talento villalbeño. A principios de la década, José Luis Rivera nos representó a nivel mundial, al formar parte de la delegación puertorriqueña en la Feria Mundial Sevilla '92 junto a Gíbaro de Puerto Rico y el entonces gobernador Rafael Hernández Colón, gestor de la delegación puertorriqueña en la Feria Mundial.

El festival de voces villalbeñas

Uno de los eventos más representativos de nuestro arte y nuestra cultura se celebró por primera vez en la década de los '90. Una vez más fue José Luis Rivera (Chele) el hacedor de sueños culturales, cuando organizó un evento sin precedentes en Villalba: el Festival de Voces Villalbeñas. Se trataba de un festival en el que los espectáculos artísticos no estaban a cargo de artistas consagrados, sino de las voces del pueblo. El evento tenía el interés de renacer las bellas artes en Villalba. Un evento en el que niños, jóvenes y mayores hacían gala de sus interpretaciones en el campo de la canción, la poesía, la comedia y la oratoria. Tenía como propósito fundamental representar, ilustrar y educar, para alcanzar la meta de una mejor calidad de vida a través de las artes. El festival iniciaba el miércoles de la fecha indicada y culminaba el domingo subsiguiente. Durante las cinco noches (y dos días) que duraba el festival anual, cerca de un centenar de personas de todas las edades participaban del evento con sus voces. La ciudadanía villalbeña se congregaba en el Centro de Usos Múltiples, para compartir en sana camaradería y disfrutar de extensas noches de cultura. El Festival de Voces Villalbeñas marcó la década de los '90, pero también dejó una huella profunda en nuestra historia colectiva de todos los tiempos en cuanto a la cultura y el arte se refiere.

El festival del ñame

Con el objetivo de fomentar la producción y el consumo del ñame y rendir tributo a los agricultores que lo cosechan, se organizó a mediados de la década un festival "en la cuna del mejor ñame del mundo": el sector Mogote de Villalba[148]. La idea provino de un grupo de agricultores y residentes de Mogote. La idea era resaltar la calidad del ñame que se siembra en estos montes y sus cercanías.

---

[148] Walter Colón Rivas, 1994

Además, la celebración de un festival ayudaría a dar a conocer la belleza del paisaje y la hospitalidad de los vecinos. El Servicio de Extensión Agrícola y el Agente Agrícola Walter Colón ayudaron en la organización del evento. El primer comité organizador estuvo compuesto por Jorge Sánchez (presidente), Israel "Negro" Colón (vicepresidente), Miguel Figueroa (tesorero), Pedro Juan Pagán (secretario) y el Lcdo. Walter Colón como asesor. La primera edición (1994) estuvo dedicada a Enrique Rivera Collazo. El festival consistía en conferencias, actividades deportivas, exhibiciones, competencias de platos típicos, competencias de trova, presentaciones artísticas y competencias entre agricultores.

Festival navideño

Otra de las expresiones culturales de los '90 era el festival navideño. Se daba en el marco de la carrera Carlos Báez, tal como la Media Maratón de Puerto Rico se daba en el marco de las fiestas patronales. Durante uno de los fines de semana de diciembre, el Festival navideño reunía artistas de calibre local y nacional, se celebraban desfiles con carrozas, se llevaban a cabo competencias de trova y se respiraba un ambiente de constante fiesta y alegría.

José Luis Rivera, Chele

Si alguna persona representa nuestro acervo cultural, ese es José Luis Rivera, Chele. Durante las décadas de los años '70 y '80 organizó grupos musicales y corales en las escuelas públicas de Villalba. También incursionó en la música popular a través de Serranía en el Alba y otros. En los '90 representó a Villalba y a Puerto Rico a nivel mundial, al participar de la Feria Mundial Expo '92, en Sevilla. José Luis Rivera, Chele, es considerado como el más influyente promotor de nuestra cultura de toda nuestra historia como pueblo.

192

La Semana M^cK Jones

A finales de los '90, la profesora Wanda López inició uno de los eventos más importantes en el ámbito educativo-cultural: la Semana M^cK Jones. Una serie de eventos dirigidos a honrar la memoria y contribuciones de Walter M^cK Jones. La escuela que lleva su nombre es el escenario. Los estudiantes son los protagonistas. Pero lo que comenzó como una actividad escolar se convertiría pronto en un evento de pueblo, en el que se involucrarían diversos colaboradores. La celebración pasaría a convertirse en una importante tradición educativo-cultural villalbeña.

Las clases graduadas

Durante esta década, las clases graduadas de la escuela Francisco Zayas Santana estuvieron presididas por Armando Cubí (1990), José Santiago (1991), Pierette Maldonado (1992), Efraín Colón (1993), Javier Soto (1994), Melissa Rivera (1995), Ginabel Santiago (1996), Rita Roche Ortiz (1997), Delma Yahaira Negrón Martínez (1998) e Irwing Vargas León (1999).

Comparativa de la composición de los miembros del grupo musical villalbeño por excelencia: Serranía en el Alba. A la izquierda, José Luis Rivera (Chele), Tony Rodríguez Roche, Brunilda Guzmán, Edgardo Marrero y Víctor Laboy. En los '90, la agrupación experimentó una transformación que le llevó a grabar varias producciones discográficas, con contenido original de José Luis Rivera, Chele. Representaron a Villalba nacional e internacionalmente. En la foto a la derecha aparecen junto al Maestro Rivera: Yolivette Feliciano, Jessica Figueroa, Aida Michelle Degró, Wilberto Martínez, Rubén García, Luis A. Rodríguez, Alvin Colón, Juan C. Rivera y José Hiram Casiano.

25 de julio de 1993

Los actos del Día de la Constitución fueron dedicados a la juventud puertorriqueña. Los mensajes principales estuvieron a cargo de tres jóvenes; uno de ellos villalbeño. Rigoberto Rodríguez Roche se convirtió así en el primer villalbeño en ofrecer un mensaje de carácter principal en la conmemoración del 25 de julio, día de la Constitución.

Jesús Ortiz-Torres

Artista villalbeño de renombre nacional. Su pasión por el arte comenzó desde que era apenas un niño. Su obra es polifacética. En los '90 legó a Villalba el Monumento a la Historia Villalbeña (foto inferior, izquierda); una obra en bronce en la que se plasman los principales detalles de nuestra vida colectiva.

▲ En los '90 se publica el primer libro de historia de Villalba. A pesar de existir publicaciones previas, la obra de Carmelo Rosario-Natal se convierte entonces en la más completa narración de nuestra historia. El proyecto fue una iniciativa del Comité de la Historia de Villalba, presidido por Enrique Salomé Rosario.

En los noventa, Villalba tuvo su primer equipo de Baloncesto Superior Nacional: los Avancinos. En cuclillas, de izquierda a derecha: Simpson Batista, Héctor (Cuquito) Burgos, Alex Colón, Octavio (Tavi) Loyola, Luis Camacho, Fernando Ortiz, Christian Dalmau, Pipe Marcano, Daryl Cambrelen, Ramoncito Torres, Hijo (mascota), Beo Gerard Ortiz y Sixto Suárez, Hijo. De pie, de izquierda a derecha: Guillermo Febus (Coapoderado), Hugo Cardona (Asistente de Coach), Ángel López (Dirigente), Gerardo Zayas, Hiram Fantauzzi, Richard Soto, Greg Dennis, Carlos Payano, Roberto (Baracoa) Collado, Dean Borges, Johnny Matos, Ramón Torres, Sixto Suárez, Bernardo Negrón Montalvo (Alcalde), José (Pepito) Colón (Narrador), Julio César Miranda (Apoderado) y José (Che) Torres.

Los deportes en los '90

Los años '90 fueron fructíferos para el deporte villalbeño. En 1993, Villalba se situó en el mapa internacional como parte de los Juegos Centroamericanos y del Caribe. La ciudad sede del evento deportivo fue Ponce. Pero en realidad se llevaron a cabo actividades en toda la región. Las facilidades de la Liga Atlética Policiaca en Villalba se convirtieron en la Villa de los Jueces de aquellos juegos. También fuimos anfitriones de dos eventos: el Taekwondo y el Judo.

En 1993, los Ganduleros de la COLICEBA obtienen el subcampeonato nacional. Su equipo técnico estaba compuesto por Waldemar Torres (Apoderado), Cuco López (Coapoderado), Alejando Santiago (Dirigente), Jaime Bonilla (Ayudante) y Alberto Vázquez y Papo Alicea como entrenadores. El equipo estaba compuesto por José Víctor Meléndez, Alberto Vázquez, Carlos Berdiel, Carlos Rodríguez, Miguel Rivera, Nelson Rafael

Torres, Efraín Williams, Joe Bocachica, Elvin Núñez, Valmy Bonilla, Orlando Santiago, Tony Ortiz, Israel de Jesús, Arnaldo Hernández, José Torres, Jorge Meléndez, Hiram Ruiz, Nelson Bonilla, Jorge Aranzamendi, Carlos Turpó, Javier López, Marlon Vázquez y Eduard Torres.

En 1994 fueron inaugurados en Villalba los primeros Juegos de la Montaña; una serie de eventos deportivos y recreativos que se llevaban a cabo por el Departamento de Recreación y Deportes con el objetivo de insertar a jóvenes y menos jóvenes en actividades de confraternización deportiva.

También fue la década en que el profesor Víctor Laboy destaca como entrenador nacional de atletismo. Como tal, nos representa en mundiales, centroamericanos y otros eventos. Se une a los olímpicos avancinos al participar como entrenador del equipo de atletismo en las Olimpiadas Atlanta '96.

Con respecto a la Media Maratón de Puerto Rico, durante esta década se coronaron campeones Pablo Rodríguez (1990, 1991), Ángel (Pipa) Vizcarrondo (1992, 1993, 1994, 1996), Jacinto Rodríguez (1997,1998) y César Mercado (1999).

Durante esta década, el reinado del evento estuvo engalanado por las siguientes monarcas: Arleen de Jesús (1990, Emiluz Santiago (1991), Eileen Mercedes Rodríguez (1992), Belmary Díaz (1993), Mari Bee Fernández (1994), Eva Vera (1995), Jessica del Carmen Figueroa (1996), Aikomarí Guzmán (1997), Dianalys Santiago (1998) y Ginabel Santiago (1999).

La carrera Carlos Báez

A principios de los '90 se gesta un nuevo evento deportivo: la Carrera Carlos Báez. Una prueba de 10 kilómetros organizada por un grupo de ciudadanos bajo el auspicio y respaldo del gobierno municipal. El primer fondista en obtener la victoria fue José Pérez Soto (1991 y 1992), seguido por Javier Santana (1993, 1995), Carlos Quiñones (1994), Joel Rosario (1996) y César Mercado (1997).

La década del baloncesto

La década del '90 trajo grandes triunfos para Villalba en cuanto a baloncesto se refiere. En 1995 se organiza el primer equipo Sub-22 representativo de nuestro pueblo. Julio César Miranda funge como apoderado y Héctor (Cuco) Burgos ejerce como dirigente. Entre otros, juegan: Alex Colón Octavio (Tavi) Loyola, Fernando Ortiz, Christian Dalmau, Pipe Marcano, Gerardo Zayas, Miguel Rodríguez, Carlos Cotto, Juan Carlos Caraballo, Héctor (Cuquito)

196

Burgos. Ese mismo año obtienen el campeonato nacional de la Federación de Baloncesto de Puerto Rico. También obtienen un subcampeonato al participar de un torneo adicional ese mismo año. Un año después, en 1996, repiten como campeones nacionales, esta vez bajo la dirección de Sixto Suárez.

La experiencia del baloncesto Sub-22 abrió las puertas para el que sin duda fue uno de los grandes éxitos deportivos de la década: la adquisición de una franquicia villalbeña en el Baloncesto Superior Nacional. Fue en 1996, gracias a las gestiones de la Administración Municipal y el tesón y el valor de muchos líderes deportivos del patio.

Julio César Miranda ejerce una vez más como apoderado. Guillermo Febus ejerció como Coapoderado. Su dirigente fue Ángel López y Hugo Cardona ejerció como Asistente de Coach. José (Pepito) Colón fue su narrador oficial y Ramoncito Torres, Hijo, fue su mascota. Jugaron en el equipo Héctor (Cuquito) Burgos, Simpson Batista, Alex Colón, Octavio (Tavi) Loyola, Luis Camacho, Fernando Ortiz, Christian Dalmau, Pipe Marcano, Daryl Cambrelen, Beo Gerard Ortiz, Sixto Suárez, Hijo, Gerardo Zayas, Hiram Fantauzzi, Richard Soto, Greg Dennis, Carlos Payano, Roberto (Baracoa) Collado, Dean Borges, Johnny Matos, Ramón Torres, Sixto Suárez y José (Che) Torres.

El villalbeño Héctor (Cuquito) Burgos había debutado en el Baloncesto Superior Nacional tres años antes, cuando formó parte de los Leones de Ponce. También se destaca el niño José Juan (Cheche) Guzmán, quien nos representa a nivel internacional.

Villalbeños exaltados al Pabellón de la Fama del Fondismo

En los '90, tres villalbeños fueron exaltados al Pabellón de la Fama del Fondismo Puertorriqueño. El primero de ellos fue el glorioso Carlos Báez, en 1995. En 1999 se unieron a la importante y selectísima lista Cristina (Amada) Martínez (póstumamente)y Jaime Oscar Laboy Torres. Báez fue uno de los más importantes fondistas de nuestra historia, mientras que Martínez y Laboy son iconos del deporte villalbeño. Jaime Oscar Laboy, que fue un reconocido atleta en sus años de juventud, fue la mente maestra detrás de grandes eventos tales como la Media Maratón de Puerto Rico. Por su parte, Cristina (Amada) Martínez fue estrecha colaboradora en la gesta maratónica, creadora del Reinado que lo engalanaba y primera mujer en presidir el evento.

La década y el Taekwondo

Los '90 fueron años dorados en el Taekwondo. Ramón Olivieri se destaca como árbitro internacional y los miembros del Instituto Villalbeño de Taekwondo obtienen medallas en diversas competencias mundiales. Jerry Torres, Geraldo Vázquez, Luis Vázquez, Edgardo Colón, Harry Torres, Edelmiro Cintrón, Juan Salomé, Héctor Rivera, Julio García, Erasmo García, Yolanda Rivera, Waleska Cruz, Kiomary Ortos, Glenda González, son algunos de los competidores a nivel mundial. Aníbal Cintrón es probablemente el más sobresaliente al colgarse la medalla de plata en el Campeonato Panamericano de 1990, bronce en México '90, bronce en los Juegos Panamericanos Mar del Plata '95, oro en los Juegos Centroamericanos Ponce '93 y plata en Maracaibo '98.

El béisbol en los '90

Durante los '90, Villalba se mantuvo activo en el béisbol, principalmente en la COLICEBA. Fue década de subcampeonatos. En 1993 obtuvimos el subcampeonato con Waldemar Torres como apoderado. Cuco López fue coapoderado. Alejandro Santiago fue el dirigente, Jaime Bonilla ejerció como ayudante y Alberto Vázquez y Papo Alicea como entrenadores. Jugaron José Víctor Meléndez, Alberto Vázquez, Carlos Berdiel, Carlos Rodríguez, Miguel Rivera, Nelson Rafael Torres, Efraín Williams, Joe Bocachica, Elvin Núñez, Valmy Bonilla, Orlando Santiago, Tony Ortiz, Israel de Jesús, Arnaldo Hernández, José L. Torres, Jorge Meléndez, Hiram Ruiz, Nelson Bonilla, Jorge Aranzamendi, Carlos Turpó, Javier López, Marlon Vázquez y Eduard Torres.

En 1999 los Ganduleros retomaron el subcampeonato, esta vez con Miguel A. (Miguelito) Rodríguez como Apoderado. El periodista y comentarista deportivo Pachy Rodríguez se expresó así de la serie final entre nuestros Ganduleros y los Vaqueros de Bayamón:

> Vaqueros de Bayamón y Villalba Ganduleros, dos conjuntos de cría, coraje y vergüenza, que en su dinámica y particularidad ofrecieron un recital por siete emocionantes partidos. Hubo un campeón, pero sobre todo dos ganadores... Ganduleros y Vaqueros, dos rivales, tan bueno el uno como el otro... La fanaticada de Villalba ( ) regaló un concierto de vergüenza y civismo deportivo. Puestos de pie, en señal de respeto, y con un sonoro aplauso al ganador, Villalba se ganó una medalla, un trofeo, un galardón a la amistad y el ejemplo de lo que es el verdadero deporte puertorriqueño. Por eso digo, no hubo derrotados sino dos campeones de verdad.[149]

Alejandro (Jandi) Caratini ejerció como Dirigente, mientras Víctor Caratini, César Renovales y Johnny Maldonado ejercieron como Coach. Víctor Caratini, Hijo, fue el Mascota del equipo. Hoy día es receptor de los Padres de San Diego en la MLB.

---

[149] *Periódico El Norte*, 27 enero a 2 de febrero de 2000, pág. 28

A finales de los '90, el Huracán George azotó a Villalba, dejando millones de dólares en pérdidas y decenas de hogares destruidos. Fotos cortesía de José Juan Flores Falcón.

Cristina Amada Martínez

En la década de los '90, Villalba perdió a una de las personas de mayor influencia e impacto cívico ante la partida terrenal de Cristina Amada Martínez. Figura clave del escutismo, el liderazgo cívico y del deporte, fue fundadora del fastuoso desfile de la Media Maratón, primera mujer en presidir la Media Maratón, Asambleísta Municipal y exaltada al Pabellón de la Fama del fondismo puertorriqueño.

199

Estación de Bomberos, construida en la década de los '90

◄ Portada del Programa del 2do Festival de Voces Villalbeñas, efectuado del 13 al 17 de abril de 1994. Diseño de la portada a cargo del Prof. Domitilo Negrón García.

El balance de la década

Los años '90 significaron para Villalba logros y progreso. Fue una década de desarrollo en infraestructura y obra pública. Se construyeron complejos de vivienda que aumentaron la significativamente la población. Se desarrollaron proyectos importantes en áreas tan significativas y vitales como el acceso al agua para las comunidades y otras. Quedan para el futuro un nuevo terminal de transporte público, el centro de bellas artes, una nueva estación de bomberos, carreteras y facilidades.

Si bien es cierto que las dificultades económicas hacen desaparecer entidades emblemáticas como las cooperativas de servicio (supermercado, ferretería, farmacia), no es menos cierto que otras, como Medtronic, crecen y se desarrollan convirtiéndose en fuentes fundamentales de ingresos y creación de empleos.

Para el deporte fue una época dorada. Posiblemente la década de mayor movimiento deportivo, incluyendo la inclusión de nuestro pueblo en el organigrama de los Juegos Centroamericanos y del Caribe Ponce '93. También fue una década especialmente importante para la cultura; década en que los festivales y la expresión artística fluye por doquier.

En fin, que los años '90 fue una época de crecimiento y desarrollo especialmente marcadas en nuestro paso por la historia.

En los '90, Medtronic expandió sus facilidades, convirtiéndose en fuente esencial de ingresos y empleos. La empresa siempre ha demostrado un alto grado de compromiso social. En la foto, entrega de donativo para las pequeñas ligas (foto posterior publicada en redes).

201

A principios de los '90, el casco urbano experimenta una transformación, que incluye una nueva plaza pública. El templo católico fue remodelado, incluyendo la construcción de una torre campanario, hermosos vitrales y la inclusión de amueblado y ornamentos realizados con madera villalbeña.

Vista panorámica de Villalba en los años '90. Foto Archivo Histórico de Villalba.

Todavía en los '90 quedaban testigos silentes de nuestra historia, como la residencia Rivera, la cual fue demolida para construir un nuevo terminal de transporte público.

◄ Gabriel (Nino) Laboy, en la foto junto al campeón mundial de boxeo John Ruiz, marcó la década del '90 en el fondismo villalbeño y puertorriqueño. Laboy nos representó a nivel nacional e internacional, convirtiéndose en uno de los mejores representantes del deporte avancino de la época.

◄ A finales de los '90, la empresa Medtronic expande operaciones y construye nuevas facilidades, lo que significó una importante inyección económica y la creación de cientos de nuevos empleos.

203

La participación de Villalba en el Baloncesto Superior Nacional durante los años '90 marcó el universo deportivo villalbeño de aquella época.

Serigrafía de Enrique de Jesús, conmemorativa de los Juegos Centroamericanos y del Caribe Ponce '93.

Capítulo 10
El nuevo siglo

Resumen

Villalba recibe el siglo XXI con entusiasmo cultural y nuevas propuestas artísticas. Es la década en que el talento villalbeño se apodera del corazón de Puerto Rico.

En términos políticos, comienza una nueva era de cambios. Durante los primeros años de la década de los 2000, se sucede el liderato de nuestro pueblo hasta alcanzar el balance durante el segundo lustro de la década. También se vive la primera experiencia de un gobierno municipal compartido entre los dos principales partidos políticos.

Comienzan a dar fruto las gestiones realizadas durante la década anterior y, en términos de infraestructura, se inauguran unos proyectos y se desarrollan otros. Todos dejan una marca importante para efectos de la administración municipal.

En términos económicos, han ido desapareciendo las empresas más relevantes y tan solo Medtronic parece no ceder ante los embates y vaivenes económicos. Por el contrario, solidifica su compromiso con el pueblo. Al final de la década se establece, mediante un programa de incentivos, las empresas National y Pitusa. En cambio, el comercio local del casco urbano y sus alrededores comienza a declinar.

En cuanto a los deportes, la primera década del siglo XXI se presenta llena de oportunidades y victorias, incluyendo la inclusión de un nuevo olímpico y un nuevo campeonato en el béisbol.

Nace *Villalba Online*, herramienta de información y cultura.

Algunos datos sociodemográficos[150]

Para el año 2000, Villalba tenía una población de 27,913 habitantes. De estos, 14,057 eran varones, mientras que 13,856 eran mujeres.

Del total de habitantes, 2,525 eran menores de cinco años de edad; 2,653 se encontraban en un rango de edad de entre cinco y nueve años; 2,741 entre diez y catorce años de edad; 2,806 en un rango de entre quince y diecinueve años; 2,461 se encontraba en un rango de entre veinte y veinticuatro años de edad; 3,990 entre veinticinco y treinta y cuatro años; 3,729 entre treinta y cinco y cuarenta y cuatro años de edad; 2,904 habitantes en un rango de entre cuarenta y cinco y cincuenta y cuatro años de edad; 1,835 se encontraban entre los cincuenta y cinco y los 65 años; y 2,269 habitantes eran mayores de sesenta y cinco años. La mediana de edad era de 26.9 años.

Con respecto a las viviendas, había un total de 8,465. El 91.2% de éstas (7,722) estaban ocupadas, mientras que el restante 8.8% (743) no. Tan solo un 1.7% (145 viviendas) estaban destinadas a uso estacional, recreativo u ocasional.

Barrio	Población
Villalba Arriba	6,552
Villalba Abajo	3,054
Caonillas Arriba	1,811
Caonillas Abajo	1,427
Hato Puerco Arriba	8,922
Hato Puerco Abajo	1,911
Vacas	3,196
Pueblo	1,040

Al llegar el año 2000, en Villalba se registró un aumento poblacional de 18% con respecto a la década anterior. Esto se debió en gran medida al aumento de unidades de vivienda, producto de los desarrollos de los años '90. Con respecto a las unidades de vivienda, estas aumentaron para el año 2000 en cerca de 25% con respecto a la década anterior.

El ingreso per cápita era de $5,176 dólares. La mediana de ingreso por hogar era de $11,728 dólares anuales. De la población mayor de dieciséis años, 4629 varones y 3,025 mujeres se encontraban trabajando (no necesariamente en puestos de trabajo a tiempo completo ni durante todo el año).

---

[150] Fuente: Negociado del Censo; Características Demográficas 2000

La década y sus líderes

El siglo XXI comenzó con un cambio en la administración pública villalbeña. Orlando Torres González, electo alcalde en las elecciones generales de 2000, asume la poltrona municipal en enero de 2001. Junto con él, fueron electos a la Legislatura Municipal: Peter Flores, Miguel del Valle, Ricardo Bonilla, Héctor Ruiz, David Albino, José Javier Burgos, Mariano Rivera, Felipe Vázquez, José M. Santiago, Hermes Flores, Brunilda Torres, José Juan Flores Falcón, Jerry Torres Maldonado y Oriol Vázquez. Poco tiempo después se ve obligado a abandonar el puesto, siendo sustituido por Eduardo Ortiz, quien asume la alcaldía de manera interina hasta febrero de 2004, fecha en que Waldemar Rivera Torres es designado como alcalde en propiedad.

Rivera Torres es electo por el pueblo en los comicios de noviembre de 2004. Junto con él, fueron electos a la Legislatura Municipal: Aguedo Ocasio, Roberto Laboy, Ricardo Bonilla, José Ramón Olivieri, Julia López, Martín Santiago, Héctor Berríos, Brenda Laboy, Mercedes Pérez, Orlando Pérez, Melvin Vázquez Roche, Orlando Algarín, William Ríos Mera y Juan Galarza Figueroa.

En 2008, por mandato del pueblo, el poder ejecutivo y el poder legislativo municipal recaen en partidos políticos diferentes, lo que obliga la experiencia del gobierno compartido. Waldemar Rivera es reelecto alcalde. Miguel A. Rodríguez Martínez es electo presidente de la Legislatura Municipal[151], que también está compuesta por Melvin Vázquez Roche, Teodoro Rivera Olmeda, Millynés Algarín, Orlando Algarín, María del C. Alvarado, Alvin de Jesús, Betsy López, Karving Vargas León, Héctor Laboy, Agenor Berríos López, Héctor Burgos Miranda, Brenda Laboy y Ricardo Bonilla.

La economía en la primera década del siglo XXI

A principios de la década se intenta desarrollar un proyecto agrícola, que incluye una nueva procesadora y enlatadora para los agricultores villalbeños. A pesar de la expectativa y buena acogida, el proyecto naufraga. De igual forma lo hacen otras iniciativas, tanto públicas como privadas. Es la década en que comienza la gran depresión económica de este siglo, lo que se ve reflejado en el comercio local, que comienza a resentirse y decaer.

También comienzan iniciativas para el desarrollo económico a través de incentivos municipales, lo que atrae empresas como Pitusa y National Lumber. Sin embargo, la situación económica de esta primera década del

---

[151] Rodríguez Martínez sustituye en la posición al Ing. William Ríos Mera, quien renunció al cargo a principios de 2009.

Orlando Torres González

Electo alcalde en los comicios de noviembre de 2000. Hasta entonces se había dedicado al comercio y la prestación de servicios.

siglo XXI habría de marcar la realidad económica de los próximos veinte años.

Las clases graduadas

Las clases graduadas estuvieron presididas por Enrique Rodríguez Santos (2000), Gilmarie Santiago Negrón (2003), Delis López Cintrón (2004), Sara I. Flores (2005), Edgardo (Gardy) Maldonado (2006), Luanne Rivera Negrón (2007), Gilissa Gracia Cintrón (2008) y Suheliee Marie Colón Rivera (2009). En 2001 y 2002 estuvieron dirigidas por comités de trabajo.

Waldemar Rivera Torres

Waldemar Rivera Torres asumió el puesto en febrero de 2004 y lo ejerció hasta diciembre de 2012. Fue nombrado Juez del Tribunal de Apelaciones en 2013.

Víctor Santiago (Foto publicada en redes sociales)

José Aníbal Maldonado (Foto publicada en redes sociales)

Arte y cultura

La primera década del siglo XXI también fue marcada por el quehacer artístico y cultural. El Festival de Voces Villalbeñas continuaba siendo el rey de las actividades culturales a principios de la década. El respaldo a este taller fue absoluto por parte de la población. También comenzó a celebrarse el Festival del Gandul, aunque ya no en época tradicional de carnaval sino en diciembre. Nos ideamos confeccionar el asopao de gandules más grande del mundo e invitamos a Puerto Rico y al mundo a visitarnos y vivir nuestras tradiciones.

En cambio, habrían de ser dos jóvenes talentos los que se apoderan de la década en materia artística: Víctor Santiago y José Aníbal Maldonado. La participación de ambos jóvenes en un formato televisivo de la época les hizo ganarse el corazón de los villalbeños.

La plaza pública, en la que se colocaban inmensas pantallas y sistemas de sonido, se convirtió en el centro de encuentro social de jóvenes y mayores.

La primera década del siglo XXI también se presentó como la de mayores frutos en la carrera del artista villalbeño Enrique de Jesús. Durante estos años realizó importantes exhibiciones y desarrolló diversidad de proyectos de arte, principalmente dirigidos a la exaltación del patriotismo puertorriqueño. También despunta uno de los que más tarde se convertiría en uno de los más destacados artistas plásticos del patio: Eliel Pérez.

Enrique de Jesús

Comenzó su carrera temprano en los años '70, cultivando éxitos en los '80 y '90. Sin embargo, la primera década del siglo XXI se presentó ante Enrique de Jesús con nuevas oportunidades para crear arte.

Relevo por la Vida

A finales de la década comienza una tradición de voluntariado y lucha común: Relevo por la Vida. Durante 24 horas, cientos de personas caminan en la pista atlética de Villalba en honor a aquellos que enfrentaron y enfrentan el cáncer. Es una actividad en la que no solo se recaudan fondos, que de por sí resulta fundamental en la batalla. También se anima al corazón y se vive la esperanza y la solidaridad. Relevo por la Vida se convierte en una de las actividades más importantes celebradas en Villalba a partir de entonces.

Villalba Online: el poder de la información

También durante esta década nace el medio informativo de mayor relevancia en toda nuestra historia como pueblo: *Villalba Online*. Una plataforma digital fundada y dirigida por el profesor Jossean Santiago en la que se informa a la población sobre diversos temas: desde política y gobierno, hasta deportes y sociedad.

Villalba Online vino a llenar un espacio de inmensa importancia en las sociedades: la información. A través de la plataforma digital no tan solo se ofrece variedad de noticias e información, sino que dicha información queda como recurso de revisión histórica sobre los acontecimientos más relevantes del siglo XXI a nivel local y nacional.

Los deportes en la primera década del siglo XXI

Al iniciarse el siglo XXI, el deporte sigue siendo uno de los elementos que mejor identifican a Villalba. Tanto a nivel colectivo como individual, los villalbeños nos vemos representados nacional e internacionalmente. Ferdinand Guzmán se destaca en el voleibol superior. La Media Maratón de Puerto Rico en Villalba cumple su cuadragésimo aniversario. Durante la década, solo tres fondistas se coronaron campeones, compartiendo la gloria a lo largo de la década: César Mercado (2000, 2001, 2004 y 2006), Luis Collazo (2002, 2003 y 2007) y César Lam (2005, 2008 y 2009). Como reinas fueron coronadas Marena Navarro (2000), Sheila Echevarría (2001), Delma Yahaira Negrón (2002), Leximar Guzmán (2003), Lenimar Guzmán (2004), Nahira Zayas (2005), Lizette Hernández (2006), Nilsa A. Gracia (2007) y Bianca Colón González (2008)[152].

Con respecto al atletismo, Adrián Rodríguez se corona como el líder de la década. Nos representó en el Mundial de Atletismo Marruecos 2005 y estableció poderosas marcas en la Liga Atlética Interuniversitaria.

◀ Columna de Joel Ortiz Rivera publicada en *El Nuevo Día* en la que destaca las cualidades deportivas y humanas de Adrián Rodríguez. Durante El 5K de American Airlines, Rodríguez dio una muestra indiscutible de deportividad cuando redujo su velocidad para permitirle la victoria a Luis Rivera, quien llevaba una clara ventaja hasta que se equivocó en un tramo de la carrera.

Brilla la llama olímpica

También durante esta década brilló para Villalba una vez más la llama olímpica, cuando Carlos Negrón acudió a su cita con la historia en las Olimpiadas de Beijing 2008. Para ingresar a los Juegos Olímpicos, Negrón participó primero en dos torneos clasificatorios. En su primera pelea olímpica, Negrón derrotó a Mehdi Ghorbani de Irán, 13-4. Usando su altura y ventaja de alcance, logró hacerse con el control del marcador en el primer asalto, anotando una caída en el tercero. Sin embargo, cayó 9-3 en la segunda ronda ante Yerkebuian Shynaliyev. Cerró su carrera amateur con balance de 93-9.

---

[152] A partir de entonces y hasta la fecha de esta publicación la Media Maratón no contó con desfile de coronación.

Carlos Negrón, el olímpico

Carlos (el olímpico) Negrón es probablemente el más reconocido representante villalbeño en el deporte del boxeo. En 2006, obtiene medalla de bronce en los Juegos Centroamericanos y del Caribe, celebrados en Cartagena. Dos años después representó a Puerto Rico en los Juegos Olímpicos (Beijing 2008). Actualmente es nuestro boxeador profesional por excelencia. Foto publicada en redes sociales.

Torneo de la Montaña y Torneo de la Llanura

En los 2000, volvió a celebrarse el Torneo de la Montaña[153]. En esta década se coronaron campeones Aceituna (2000, 2001, 2002), La Sierra (2003, 2004, 2005, 2006, 2008 y 2009) y Mogote (2007). También se organizó el Torneo de la Llanura, bautizado con el nombre de Torneo Filiberto Guzmán Alvarado. En estos años se coronaron campeones El Pino (2002), Hatillo Parcelas (2004), Borinquen (2007) y Palmarejo (2008 y 2009).

La década y el Softbol

Con la década, también inicia un nuevo torneo; esta vez de softbol. Los equipos campeones durante estos años fueron Amidesis (2000), Drinking (2001, 2006-2007 y 2008-2009), El Semil (2007-2008) y Los Piratas (2009-2010).

También se organizó la Liga de Softbol Femenino, principalmente bajo la tutela de Linda Bonilla y Héctor Rosario. En 2010, el equipo villalbeño obtuvo el campeonato de Puerto Rico en la categoría 8-10. Dos años después, la categoría 11-12 obtiene el subcampeonato de Puerto Rico. Gracias a esta iniciativa, muchas jóvenes villalbeñas iniciaron sus carreras universitarias a través de becas completas.

---

[153] El evento no se celebró desde 1991 hasta 1999

El béisbol en esta década

En 2006, los Ganduleros se coronaron nuevamente como campeones de Puerto Rico del béisbol Triple A de la Confederación de la Liga Central de Béisbol Aficionado. El equipo contó con el liderazgo de Raymond Zayas como Apoderado y Adolfo (Papito) Rodríguez como Dirigente[154].

A finales de la década se organizan los Ganduleros del béisbol Doble A. Esta nueva franquicia tiene a Raymond Zayas como Apoderado y a Raymond O'brain Zayas como Coapoderado. En su cuerpo técnico colaboraron Adolfo (Papito) Rodríguez, Terín Meléndez, Johnny Maldonado, José (Chan) Espada, Orland Gómez Toledo, Manuel Monche, Félix Díaz, Irwin W. Rosado Johnnie Nieves, Pai Santiago, entre otros. José (Carolito) Torres y Samuel Negrón fueron Mascotas.

Durante los años que permanecieron activos, jugaron para el equipo (entre otros) Francisco Javier Santos, Luis Cartagena, José Cintrón, César Renovales, Carlos Javier Vázquez, José V. Meléndez, Ricardo Cruz, Carlos O. Meléndez, Ricardo Colón, Luther Guilbe, Kenneth Capó, Antonio Bonilla, Osvaldo Torres, Eric Burgos, Luis Arroyo, Juan Morales, William Guzmán, Jaime E. Bonilla, Samuel Rodríguez, Jorge Hernández, Kelvin Torres, Luis Rodríguez, Edgar (Jockey) Colón, Kelvin Torres, Luis Rivera, José M. Vélez, José Orta, Víctor Rivera, Luis Rivas, Rubén Cruz, José Nieves, Alexis Cartagena, Wigberto Vázquez, Wilbert Rodríguez y Andyson Rivera.

Ganduleros de Villalba del béisbol Doble A, temporada 2008.

En 2009, los Ganduleros vuelven a obtener el subcampeonato de Puerto Rico de la COLICEBA. Esta vez lo hicieron bajo el liderazgo de Alberto (Berto) Miranda como Apoderado, en su segundo año ejerciendo el puesto. Colaboraron en el cuerpo técnico: Mariano Quiñones, Roger Negrón, José (Chan) Espada, Adan Cruz, Manuel Monche, John Vega, Orland Gómez

---

[154] Galería de Campeones de la Coliceba, en coliceba.wixsite.com

Toledo e Irwing W. Rosado.

Jugaron esa temporada: Edwin Morales, Kevin Martínez, Joicet Feliciano, Antonio (Bebe) Bonilla, Jaime Bonilla, Juan Medina, Melvin Collazo, Ernando Melero, Josafat Rivera, Gilberto Torres, Reinaldo Torres, José (Tote) Vega, Alexis Sosa, Roberto Rivera, Francisco Javier Santos, Ricardo Colón, Luis X. Castrodad, José (Pito) Meléndez, Abner Arroyo, William Vázquez y Carlos Dávila.

◄ Acción deportiva en el beisbol Doble AA. El receptor de los Ganduleros Francisco Santos en plena faena. Foto de Raymond O. Zayas

La Escuela Superior Vocacional Cristina Amada Martínez fue inaugurada en octubre de 2006. Su primera clase graduada fue en 2009.

La gobernadora Sila M. Calderón, junto al entonces alcalde Orlando Torres González, de visita oficial en Villalba. Junto a ellos, Marien Rodríguez Mori. Foto cortesía de la Fundación Sila M. Calderón.

El gobernador Luis Fortuño en Villalba. Foto cortesía de Jossean Santiago.

◀ En la primera década del nuevo siglo, se publicó un nuevo libro sobre historia de Villalba, esta vez a cargo del Prof. Doel López Velázquez.

El balance de la década

Los primeros años del siglo XXI fueron de altibajos en la realidad social, económica y cultural de los villalbeños. El intento de rescatar y darle nueva vida a la industria agrícola netamente villalbeña se ve colapsado por una realidad económica que habría de marcar los años por venir. Sin embargo, se hacen realidad diversos proyectos de infraestructura. Por ejemplo, se inaugura la nueva escuela superior (bautizada con el nombre de Lysander Borrero Terry) y se construye la nueva escuela vocacional (posteriormente honrada con el nombre de Cristina Amada Martínez Martínez), se construye el primer tramo del desvío Gregorio Durán y se construyen además nuevas unidades de vivienda.

En términos deportivos, sin duda alguna el suceso de la década fue la representación en los Juegos Olímpicos en la figura de Carlos (el olímpico) Negrón. De igual forma, los Ganduleros del béisbol nos llenan de orgullo al alcanzar un nuevo subcampeonato nacional. En temas culturales, Víctor Santiago y José Aníbal Maldonado se apoderan del corazón de los villalbeños.

En fin, que la primera década de este siglo se caracterizó por los altibajos propios de aquellos años que habrían de marcarnos para siempre.

Capítulo **11**
La segunda década del siglo XXI

Resumen

Celebramos 100 años de haberse aprobado la Ley 42, que convirtió a Villalba en municipio.

Luis Javier Hernández Ortiz asume la alcaldía, convirtiéndose en el líder de la década.

Miguel A. Rodríguez Martínez se convierte en el último villalbeño (hasta la fecha) en ser electo al Senado de Puerto Rico.

Se escriben páginas de oro en el deporte, de la mano de Oscar Collazo, Víctor Santana, Luismi Ortiz y otros grandes deportistas avancinos. Además, nos coronamos nuevamente como campeones de Puerto Rico de la Confederación de la Liga Central de Béisbol Aficionado. La Media Maratón de Puerto Rico cumple su cincuentenario.

Surgen nuevas estrellas en las artes.

Durante el segundo lustro de la década, el huracán María se convierte en el fenómeno atmosférico que mayores destrozos y pérdidas ha causado a Villalba en toda su historia.

Por primera vez, Villalba pierde una primera dama cuando Glendalis Soto Vega fallece víctima del cáncer.

Se organiza la Fundación Walter M^cK Jones y se escribe el primer libro que narra la vida y trayectoria del jíbaro americano.

Algunos datos sociodemográficos[155]

La segunda década del siglo XXI comenzó con una población de 26,073 personas. Esto significó una disminución de 1,840 personas (-6.6%) con respecto a la década anterior. Desde 1970 y hasta el 2000, la población villalbeña había ido siempre en aumento. Esta es la primera vez que se registra una marcada baja en la población desde la primera mitad del siglo XX.

Barrio	Población
Caonillas Abajo	1,448
Caonillas Arriba	1,537
Hato Puerco Abajo	1,764
Hato Puerco Arriba	7,728
Vacas	4,049
Pueblo	729
Villalba Abajo	2,880
Villalba Arriba	5,938

En cambio, las unidades de vivienda experimentaron un aumento de 1,245 unidades con respecto a la década anterior. Esto representó un desface entre el cambio poblacional (que fue a la baja) y la cantidad de unidades de vivienda (que fue al alza). Mientras la población bajó en un 6.6%, las unidades de vivienda aumentaron en un 14.7%.

Del total de 26,073 habitantes, 1,725 era menor de 5 años de edad. 5,448 habitantes se encontraban entre los 5 y los 17 años de edad. 1,491 se encontraban entre los 18 y los 20 años. 4,882 se encontraban en un rango de entre 21 y 34 años de edad. 3,261 se encontraban entre los 35 y los 44 años. 3,480 se encontraban entre los 45 y los 54 años de edad. 2,910 se encontraban entre los 55 y los 64 años. 2,876 tenían 65 años o más. La mediana de edad rondaba los 33.4 años. Este último dato, contrastado con los 26.9 años de mediana de edad en la década anterior, da visos del paulatino envejecimiento de la población.

Del total de habitantes, 13,227 eran mujeres, mientras que 12,846 eran varones. 18,900 habitantes eran mayores de dieciocho años.

---

[155] Negociado del Censo: Resumen de las características de la población 2010

218

Luis Javier Hernández Ortiz

Joven abogado. En 2013 asume el puesto de alcalde de la ciudad avancina. Su relevancia política al final de la segunda década y principios de la tercera década del siglo XXI es incuestionable y solo es comparable con aquella alcanzada por Walter M^{c}K Jones durante la primera mitad del siglo XX.

La década y sus líderes

Al iniciarse la década, Waldemar Rivera Torres continúa como alcalde. Es reelecto a la poltrona municipal en las elecciones generales de 2012, logrando hacerse con la mayoría parlamentaria en la Legislatura Municipal. Al cuerpo legislativo son electos Eduardo Ortiz Laboy, Tamara Rivera Martínez, Emmanuel Cruz, Pablo Asencio, Aguedo Ocasio, Nilsa Cintrón Santiago, Brunymar Santos Colón, Ángeles Bonilla, José A. González, Gerardo Rivera Negrón, Brenda Laboy, Orlando Algarín Santos, Héctor R. Laboy y Héctor Burgos Miranda. En diciembre, un mes después de resultar reelecto, Rivera Torres renuncia a la poltrona municipal. Un joven abogado es electo entonces para sucederle. Nieto del exalcalde Félix Luis Hernández, Luis Javier Hernández Ortiz juramenta el cargo en enero de 2013 para convertirse en el líder de la década. En 2016 es reelecto junto a los siguientes legisladores municipales: Eduardo Ortiz Laboy, Jesús Hernández Arroyo, Ángeles Bonilla, Nilsa Cintrón, Brunymar Santos, Adrián Rodríguez, Jaime López Alvarado, Antonio Cruz Roche, José A. González, Pablo Asencio, Jesús Morales Negrón, Keyla Enid Torres, Aguedo Ocasio y Johana Laboy Gómez.

También en 2012 fue electo al Senado Miguel A. Rodríguez Martínez convirtiéndose así en el primer senador villalbeño desde que Maximino Miranda fuera electo en 1968.

219

El centenario

En 2017, Villalba cumplió su primer siglo como municipio. Las magnas celebraciones comenzaron un año antes. Para ello, la administración municipal designó un grupo de trabajo, el Comité Rumbo al Centenario de Villalba, incorporado por el Dr. Carlos Pagán Rivera en noviembre de 2015[156]. De acuerdo con los documentos oficiales, este comité de trabajo tenía como misión "aunar los recursos humanos y fiscales para celebrar el centenario de Villalba con la dignidad y pompa que tal efeméride amerita, dentro de un marco cultural, cívico y festivo que promueva la preservación de nuestra historia y cultura avancina"[157].

El propósito se logró cabalmente. Durante todo un año se llevaron a cabo actividades tales como certámenes de oratoria, eventos deportivos, desfiles, reconocimientos, competencias musicales, reconocimientos y homenajes, en un ambiente de camaradería y celebración.

◄ Reportaje dedicado al Centenario de Villalba, publicado en *El Vocero* de su edición de 16 de abril de 2017

Se instituyó la Medalla Centenaria, como galardón en reconocimiento a las gestas históricas de diversos villalbeños y villalbeñas en diversos quehaceres; desde nuestras más grandes gestas deportivas hasta las cumbres alcanzadas en campos como la educación, las artes y la cultura.

Pero, ante todo, se desbordó el orgullo avancino. Las celebraciones del centenario de la ley que nos convirtió en municipio nos dieron la oportunidad de repasar nuestra historia, revivirla y atesorarla como lo que es: parte esencial de la propia historia puertorriqueña.

---

[156] Se incorporó al Departamento de Estado con el número 364768-121
[157] Certificado de incorporación en el Departamento de Estado

Miguel Ángel Rodríguez Martínez

En 2012, Miguel Ángel Rodríguez Martínez se convirtió en el último villalbeño (hasta la fecha) en ser electo al Senado de Puerto Rico. Hasta entonces se había desempeñado como presidente de la Legislatura Municipal. Antes de adentrarse en el ruedo político, Rodríguez Martínez se había destacado como deportista y líder cívico.

Las artes y la cultura

Durante esta segunda década del siglo XXI, la cultura retoma su lugar en nuestro quehacer. Resurgen con fuerza los autores villalbeños, cuyos libros se hacen sentir en el mundo de la cultura y la educación. Javier González Rosado, Pablo León Hernández, José Enrique Laboy, Juan (Bertin) Negrón, Tony Rodríguez Roche son solo algunos de los villalbeños que aportan sus ideas y las plasman en libros. León Hernández los edita y publica de manera artesanal. Además, Ésta también es la década en que se crea la Orquesta Sinfónica Juvenil. Bajo la dirección de César Cortés, la orquesta se nutre de jóvenes estudiantes como parte de un programa de desarrollo integral.

Renacen actividades de pueblo, como el Festival del Ñame y la Carne Frita y el Festival del Bacalaíto, gracias a la iniciativa de Duanel Rivera Bonilla y un grupo de ciudadanos y familiares. Se cumplen 20 años de celebrarse la Semana M^{c}K Jones. La profesora Wanda López continúa con la tradición, a pesar del cierre de la icónica escuela Walter M^{c}K Jones. Precisamente ante esta desafortunada decisión gubernamental, se incorpora y organiza la entidad cívico-cultural que pasa a llenar el vacío existente en la promoción y defensa de la historia y cultura villalbeña de manera organizada: la Fundación Walter M^{c}K Jones. Su primer trabajo de envergadura es el libro *Redescubriendo a Walter M^{c}K Jones: el jíbaro americano*. La obra pone de manifiesto las grandes aportaciones de M^{c}K Jones al desarrollo de Villalba y su amor por Puerto Rico.

221

Eliel Pérez

Eliel Pérez comenzó su carrera como pintor en los primeros años de la década 2000, pero fue en esta segunda década que alcanzó reconocimiento internacional. Foto publicada en redes sociales.

También durante esta década nace una nueva tradición: una producción de música típica puertorriqueña patrocinada por la administración municipal, con la participación de los más destacados representantes de nuestra música e incluso del alcalde Luis Javier Hernández.

Se oficializa el himno y otros símbolos

Durante décadas, los villalbeños cantamos con orgullo una composición del profesor Pablo Collazo cantando loas a las bellezas de nuestro pueblo. Era nuestro himno, enseñado en las escuelas y cantado en las calles. Sin embargo, no fue sino hasta esta década que la composición conocida popularmente como *A las orillas del río Jacaguas* fue oficializada como himno de Villalba. También se oficializaron otros símbolos. Como ave emblemática fue seleccionado el San Pedrito (*Todus Mexicanus*), cuyos colores verde, amarillo y blanco nos recuerdan a nuestro escudo y bandera. La Ceiba es seleccionada como árbol símbolo. Como flor símbolo fue seleccionada la flor del árbol de bala de cañón.

Dato de interés

A pesar de su nombre científico, el San Pedrito es un ave autóctona. Fue seleccionada como ave símbolo por la coincidencia de su plumaje con los colores representativos de Villalba.

De la catástrofe a la esperanza

En septiembre de 2017, uno de los fenómenos naturales más devastadores escribió una nueva página en nuestra historia: el huracán María. Dos semanas antes, el huracán Irma pasó por la isla como aviso premonitorio. Villalba fue en aquél entonces el pueblo con mayor precipitación de lluvia[158]. Pero no fue solamente lluvia lo que dejó a su paso. También dejó más de un millón de dólares en pérdidas[159]. Dos semanas después, el huracán María llegó con saña y devastó.

Las pérdidas estimadas en Villalba ascendieron a más de 32 millones de dólares, solamente en propiedad municipal. Esta cifra, unida a las pérdidas privadas en residencias y comercios, se convirtió en la cuantía más grande de la historia en cuanto a pérdidas económicas relacionadas, no solo a desastres naturales, sino en todos los aspectos.

El puente de La Vega sucumbió al embate del peor huracán que ha pasado por Puerto Rico desde San Felipe (1928).

◀ Una de las consecuencias más graves del huracán María fue la destrucción del sistema de alumbrado eléctrico. Para colaborar en la recuperación, los villalbeños concibieron *Villalba Power*, una iniciativa de colaboración entre el municipio y la ciudadanía que permitió adelantar el proceso de recuperación.

[158] Villalba Online
[159] Ídem

AMERICANS IN PERIL
HUMANITARIAN CRISIS IN PUERTO RICO CNN
8:54 PM E
Villalba es una ciudad que se encuentra en la altura   AC360°

Medios de comunicación de diversas partes del mundo llegaron hasta Villalba para reportar la devastación. En la imagen, un reportero de CNN mientras transmite al mundo las incidencias de María en nuestro pueblo.

◄ Uno de los mayores retos del proceso de recuperación fue la reparación del sistema de alimentación de agua para el funcionamiento de la Planta Hidroeléctrica Toro Negro. La voluntad puesta por el gobierno municipal y un grupo de voluntarios logró la hazaña y le devolvió la energía eléctrica a la población en tiempo récord.

Como toda crisis, el huracán María sirvió para poner a prueba nuestra capacidad de acción. Fue así como se puso en marcha un proyecto de energización, mediante el cual Villalba se convirtió en el segundo pueblo en recuperar el servicio eléctrico. La experiencia dio como resultado una propuesta para crear la primera red municipal de generación de energía eléctrica: el Consorcio Energético de la Montaña.

El gobernador Ricardo Rosselló Nevares, junto al alcalde Luis Javier Hernández. (Foto compartida en redes sociales por Ricardo Rosselló)

◄ El alcalde Luis J. Hernández, en plena faena. Con el lema "Villalba se levanta", se inició el proceso de recuperación de los estragos causados por el peor fenómeno atmosférico jamás experimentado en nuestro pueblo.

225

Los deportes en la década

La segunda década del siglo XXI fue activa y fértil en cuanto a los éxitos alcanzados en el deporte. José Víctor (Pito) Meléndez se une al selecto grupo en dirigir un equipo nacional (béisbol femenino).

En cuanto a nuestros tenimesistas, Axel Luis Vega obtuvo el subcampeonato en su categoría, tanto en el Bayamón Open como en el Guayama Open en 2016. Igualmente lo hizo Sonelis González en su categoría femenina. Edwin Rosa obtuvo el subcampeonato en el Guayama Open de ese año, mientras que Miguel González se proclamó campeón del torneo. De su parte, los hermanos Luis Enrique y Luis Eduardo Torres Serrano, junto al equipo de la Universidad del Turabo, se proclamaron campeones en las competencias de la Liga Atlética Interuniversitaria. Luis Enrique también se coronó como campeón del estado de Colorado durante los *Rocky Mountain States Games* de 2016.

Otros atletas destacados fueron Eric Gabriel Narváez (campeón del Torneo de la Federación Juvenil de Bowling), Guillermo Antonio González (nos representó internacionalmente en fútbol), Karving Armando Vargas Colón (destacado beisbolista que nos ha representado varias veces en Estados Unidos), Joseph Christopher Cruz (también destacado beisbolista), Bryan Javier López (nos ha representado internacionalmente en el béisbol), Aurivette Santos Bonilla (destacada voleibolista), Ameralis Alvarado, Karelys Alvarado, Roseangely Rosario y Nahomy Arroyo (destacadas en el softball), Humberto Martínez (campeón nacional de Cross-Fit), Mariana Victoria Laboy Vázquez (quien nos representó internacionalmente en gimnasia artística obteniendo medalla de oro en México), entre otros. Amirmarie de Jesús Guzmán obtiene medalla de oro en su categoría en el evento del impulso de la bala en las Competencias Nacionales de la Federación de Atletismo Puertorriqueño.

◄ En 2015, Luis Miguel (Luismi) Ortiz se coronó campeón de la 48va edición de la Medio Maratón de Puerto Rico, convirtién-dose así en el primer villalbeño en obtener el triunfo desde 1987.

Víctor R. Santana

Una de las figuras más destacadas de la década fue sin duda Víctor R. Santana. Campeón nacional escolar en campo traviesa en 2011; campeón nacional escolar en pista y campo en 2012 (estableciendo un nuevo récord juvenil); representante de Puerto Rico en el Mundial Juvenil de Campo Traviesa, Polonia 2013; tres veces medallista de oro en 1,500 metros y dos veces medallista de oro en 5,000 metros de las Justas de la LAI, estableciendo un nuevo récord en 1,500 metros.

Con respecto a la Media Maratón de Puerto Rico en Villalba, estos fueron los campeones de la década: Luis A. Rivera (2010, 2012, 2013), Luis Collazo (2011), Misael Carrera (2014), César Lam (2016), Luis Rivera Rodríguez (2017), Josué Ortiz Santiago (2018) y Christian Colón (2019). En la 48va. edición, llevada a cabo en 2015, un villalbeño arribó en primer lugar, por primera vez desde 1987: Luis Miguel (Luismi) Ortiz.

El oro de Oscar Collazo

Oscar Collazo entró a la historia deportiva villalbeña por la puerta grande: obteniendo medalla de oro en boxeo en los Juegos Pana-mericanos Lima 2019. Poco después, el púgil debutó profesional-mente. Es una estrella ascendente del deporte puertorriqueño. Foto publicada en redes sociales.

Aníbal Cintrón formó parte de la primera ceremonia de exaltación al Salón de la Fama del Taekwondo. Aunque su trayectoria incluye haber competido y obtenido medallas en múltiples eventos internacionales, probablemente la más celebrada es la medalla de oro obtenida en los Juegos Centroamericanos y del Caribe Ponce '93. Foto publicada en redes sociales.

El fútbol avancino

A raíz del Mundial de Fútbol de 2010, se experimentó en Puerto Rico un excepcional interés por este deporte. Villalba, entre los que más. Es así como nace en 2013 la Academia de Fútbol Real Villalba y un año más tarde, la Academia Avancinos Fútbol Club, dirigida por Edgardo Maldonado. Durante toda la década ambos clubes deportivos le brindaron gloria a Villalba

Las Avancinas de Villalba en el Voleibol

Las Avancinas de Villalba del Voleibol Superior fueron incorporadas en el Departamento de Estado el 15 de agosto de 2016 por Leopoldo Santiago. Tuvo el objetivo de desarrollar el deporte en términos generales, dentro de una base comunitaria. Las Avancinas se apoderaron de las canchas de la Liga Superior Femenina de la Confederación Puertorriqueña de Voleibol, demostrando la valía de la mujer avancina en el deporte.

Nuevo campeonato de los Ganduleros

En 2015, los Ganduleros obtuvieron su cuarto campeonato de la Confederación de la Liga Central de Béisbol Aficionado (COLICEBA) con Jorge (Piñita) Rodríguez como dirigente y Johnny Maldonado, José Espada, Edwin Arroyo y Nelson Hernández como entrenadores. Jugaron Luis N. Díaz, José Torres, Jaime A. Bonilla, Félix Rodríguez, Carlo Alfonzo, Edwin Arroyo, Ernando Melero, Luis Burgos, Christian Santiago, Nelson Feliú, Melvin Collazo, Kevin Cardenales, Jorge Guzmán, Kelvan Díaz, Luis Burgos Rodríguez, Jaime E. Bonilla, Miguel Fontánez, Richard Figueroa, Carlos Dávila, Carlos Alicea y Ramón Garriga. También formaron parte del equipo Alexander Woodson, Jonathan García, Jonathan Martínez y Jorge Dávila.

Alvin Colón ejerció como receptor de bullpen, mientras que Irwin Rosado ejerció como anotador, Raúl (Pipo) García como encargado de la propiedad, Michael Vélez como entrenador atlético y Elmer Alvarado como mascota. Ednor González lideró como Apoderado.

Los Torneos de la década

Durante esta década, los siguientes equipos se coronaron campeones del Torneo de la Montaña: La Sierra (2010, 2011, 2014, 2016), El Limón (2012, 2013), Aceituna (2015 y 2017), La Ortiga (2018) y Dajaos (2019). Con respecto al Toreno de la Llanura, se coronaron campeones: Borinquen (2010 y 2013), Palmarejo (2011), El Pino (2012 y 2018) y Hatillo Viejo (2014, 2015, 2016-17 y 2019).

En términos del Torneo Municipal de Softbol, estos fueron los equipos campeones: El Semil (2010-2011), Los Piratas (2011-2012), Palmarejo (2012-2013, 2013-2014, 2015 y 2018), El Punto (2016) y Avengers (2019).

También durante esta década se inició el Torneo Villalba Masters, una iniciativa para la inclusión deportiva. Se dividió en dos categorías: 40 a 49 años y 50 años en adelante.

La década culmina con la triste partida terrenal de dos de los jóvenes deportistas más apreciados, cuando Gustavo Ortiz Ríos y Luis Enrique (Kike) Cartagena pierden la vida en la flor de su juventud. Ortiz Ríos dedicaba sus energías al desarrollo del deporte en niños y jóvenes, especialmente en la disciplina del fútbol. Por su parte, Cartagena (el número 30) jugó beisbol desde pequeñas ligas y estaba activo en el béisbol Doble A.

Durante esta década también perdimos al fundador de la Media Maratón de Puerto Rico en Villalba, gran líder cívico y exaltado al Pabellón de la Fama del Fondismo Puertorriqueño, Jaime Oscar Laboy.

Dato de interés

Toda crisis conlleva una lección y un número infinito de posibilidades. La experiencia vivida con la crisis de energía eléctrica dio como resultado el Consorcio Energético de la Montaña. Esta iniciativa haría de Villalba una vez más el lugar en que surgen las iniciativas más importantes en materia de energía. Fuimos el primer lugar con energía eléctrica en Puerto Rico a finales del siglo XIX y somos el lugar en el que se levanta la primera iniciativa de generación energética municipal del siglo XXI.

La tristeza embarga a Villalba

El 15 de noviembre de 2019, los villalbeños fueron unificados por el dolor ante el fallecimiento de su primera dama, Glendaliz Soto Vega. A sus 38 años de edad, la esposa del primer ejecutivo municipal y madre de sus dos hijas, Isabel y Victoria, perdió la batalla contra la leucemia, un tipo de cáncer de la sangre con el que batalló durante largo tiempo.

Villalba nunca había experimentado la pérdida de una primera dama. Las muestras de solidaridad, empatía y duelo llegaron desde todos los puntos de la isla. Incluso la entonces gobernadora, Wanda Vázquez Garced, se personó a la capilla ardiente, instalada en el Centro de Bellas Artes Adrián Rosado Guzmán.

La partida física de la primera dama Glendaliz Soto Vega, en la foto junto a Luis Javier Hernández Ortiz y sus hijas Isabel y Victoria, conmocionó a Villalba y a Puerto Rico.

Las clases graduadas

Durante esta década, las clases graduadas de la escuela superior Lysander Borrero Terry estuvieron dirigidas por Kelvin Guzmán Cruz (2010), Diana Laboy Ortiz (2012), Marlyn García (2013), Jorge Andrés Flores Torres (2014), Karenly Torres González (2015), Armando Lorenzo Torres Rodríguez (2016), Fabiola Marie Molina Santiago (2017), Carlos Joel Colón (2018) y Lara Sophia Bonilla Colón (2019). Algunos presidentes de las clases graduadas de la Escuela Vocacional Cristina Amada Martínez fueron Reinaldo Santiago Berríos (2010), Yorgelys Torres Rivera (2012), Rodney R. Torres García (2014), Delmaris N. Negrón Burgos (2015), Laura Torres Rivera (2018) y Pedro Ortiz Torres (2019)

El gobernador Alejandro García Padilla celebra con un grupo de estudiantes villalbeños en la escuela Isabel Alvarado del sector El Pino. Foto de pressreader.com

El estadio municipal Herminio Cintrón, posterior a su remodelación durante esta década.

El área recreativa Héctor (Papo) Díaz fue construida e inaugurada a principios de la década por la administración de Waldemar Rivera Torres. Foto de Villalba Online.

Los Ganduleros de Villalba de la COLICEBA, coronados campeones nacionales en 2015.

◀ El Festival del Ñame y la Carne Frita se convirtió en una actividad multitudinaria y llena de cultura. Foto publicada redes sociales.

232

En 2018, el gobierno de Puerto Rico cerró la icónica escuela Walter M^{c}K Jones. A partir de entonces, miembros y voluntarios de la Fundación Walter M^{c}K Jones se dieron a la tarea de mantener protegida la estructura y sus predios.

◀ En 2019, la Fundación Walter M^{c}K Jones publicó el libro *Redescubriendo a Walter M^{c}K Jones (el jíbaro americano)*. En él se narra la trayectoria personal, pública y política del primer alcalde de Villalba. Es el primer libro que se publica sobre M^{c}K Jones; una de las figuras más importantes del mundo político de la primera mitad del siglo XX.

233

El balance de la década

La segunda década del siglo XXI trajo consigo grandes esperanzas, tanto como grandes retos.

Se da un resurgimiento cultural que evoca las festividades del siglo anterior. Se construyen proyectos de recreación, tales como el área recreativa Héctor (Papo) Díaz. Se construyen escuelas, como la elemental Isabel Alvarado. Los Ganduleros ven renovada su casa con la más ambiciosa remodelación realizada al estadio Herminio Cintrón. De hecho, nos coronamos nuevamente como campeones nacionales del béisbol triple A.

La administración municipal se ve renovada al juramentar como alcalde el Lcdo. Luis Javier Hernández Ortiz. Surgen desde entonces iniciativas dirigidas a devolver el orgullo avancino a nuestro pueblo. Iniciativas de carácter económico, social, educativo y cultural. Celebramos nuestro centenario como municipio.

Sin embargo, tal como sucedió a finales de los años '20 del siglo anterior, el tiempo se detuvo al finalizar la década. El paso del huracán María dejó una estela de destrucción que, solamente en propiedad municipal alcanzó los treinta y dos millones de dólares. El escenario fue dantesco. Pero de allí nacieron iniciativas y proyectos que impulsan nuevamente a Villalba como faro ante las necesidades del país.

El Consorcio Energético de la Montaña es probablemente la iniciativa más importante de este siglo con respecto a la generación de energía eléctrica. Foto publicada en redes por Eduardo Bhatia.

Capítulo **12**

El presente y el futuro inmediato

Resumen

La tercera década del siglo XXI se ha presentado llena de retos. Los hemos enfrentado con la valentía que siempre nos ha caracterizado como pueblo. Se reduce dramáticamente la población.

Al ser sacudidos por la primera pandemia registrada en este siglo, Villalba se convirtió en ejemplo a seguir por el país ante la crisis de salud provocada por el COVID-19.

En términos deportivos, nos coronamos por quinta vez como campeones de la COLICEBA y se levanta una nueva generación de deportistas que habrán de llenarnos de orgullo en el futuro inmediato.

Se rescata la antigua escuela Walter M^cK Jones para convertirla en eje de la vida cotidiana del casco urbano. Se establecen nuevos proyectos educativos y culturales que catapultan a Villalba como futura meca cultural.

Comienza el proceso de reconstrucción, como parte de un plan integral desarrollado luego del paso del huracán María. Más de treinta millones de dólares se destinan a obras de infraestructura. Se construye un nuevo terminal de transporte público, una nueva plaza de recordación para el veterano villalbeño, un centro de manejo de emergencias y nueva sede de la Policía Municipal, obras en diversos sectores, tanto urbanos como rurales.

El futuro inmediato luce prometedor para Villalba.

Algunos datos sociodemográficos

De acuerdo con el *State Data Center* de Puerto Rico[160], los estimados poblacionales para Villalba al iniciarse la década indicaban una población probable cercana a 21,082 habitantes. Al publicarse este trabajo, los resultados oficiales del Censo 2020 no habían sido publicados, pero sí se conoce que en una década el país perdió cerca del 11% de su población.

Los datos del Instituto de Estadísticas y del SDC durante toda la década transcurrida entre 2010 y 2019 apuntaban a una dramática baja en la población. Mientras en 2010 habían 26,073 villalbeños censados, el estimado de julio de 2019 rondaba los 21,372. De estos, 11,056 eran mujeres, mientras que 10,316 eran varones.

Del total estimado, 4,252 eran menores de dieciocho años de edad. 13,140 se encontraban en un rango de edad de entre 18 y 64 años.3,980 se encontraban en un rango mayor a los 65 años, mientras que 346 sobrepasaban los 85 años de edad.

Líderes de la época

La década se inicia con el liderazgo de Luis Javier Hernández Ortiz, quien además de iniciar un tercer término en la Alcaldía, también se convierte en líder de los alcaldes asociados al convertirse en presidente de la Asociación de Alcaldes de Puerto Rico. La relevancia política de Hernández Ortiz a nivel estatal resulta indiscutible y su preminencia en los medios de comunicación solo es comparable con la obtenida por Walter M^cK Jones en las décadas de 1920 y 1930. En las elecciones generales de 2020, Hernández Ortiz se convierte en el alcalde electo con mayor diferencia en votos de toda la historia.

La Legislatura Municipal se encuentra compuesta en los primeros años de esta década por Jesús Hernández Arroyo (presidente), Fabiola Molina Santiago, Jacqueline Taronjí Torres, Eduardo Ortiz Laboy, Yetzaira Echevarría, Nilsa I. Cintrón, Jaime López Alvarado, Ángeles Bonilla, Antonio Cruz Roche, Julio César López, Félix Raúl Santiago, Keyla Enid Torres Santos, Víctor R. Santana y Neisha Vázquez Muñoz.

---

[160] Red compuesta por centros de información, oficinas de planificación municipales, agencias de gobierno y bibliotecas alrededor de Puerto Rico. A raíz del acuerdo colaborativo del Programa *State Data Center* (SDC) firmado entre el *U.S. Census Bureau* y el Gobierno de Puerto Rico, se designa al Instituto de Estadísticas de Puerto Rico como la entidad líder del SDC en Puerto Rico

Pandemia

El 11 de marzo de 2020, la Organización Mundial de la Salud declaró la existencia de una pandemia a causa de un virus de reciente descubrimiento: el COVID-19. El 16 de marzo, el gobierno de Puerto Rico decreta un cierre total (Lockdown) en el país.

Villalba se convirtió en ejemplo para el país al desarrollar una serie de iniciativas que serían replicadas por el gobierno estatal y el resto de los municipios. La más importante fue establecer un sistema de rastreo que permitió identificar a las personas que arrojasen positivo a pruebas o viajeros, a los que se les requería el cumplimiento de cuarentena. Otra de las medidas de gran impacto fue el cierre de los límites territoriales del municipio, iniciado a principios del mes de abril.

◄ El 31 de marzo de 2020 la prensa anuncia la intención del alcalde de Villalba de cerrar los límites territoriales del municipio como medida cautelar ante la pandemia. En la foto, noticia publicada en www.primerahora.com

El municipio no escatimó en iniciativas, ni en recursos. Se establecieron protocolos de orientación, que incluyó la distribución de material salubrista, tal como mascarillas, alcohol y sanitizador, entre otros. Pero, sin duda, la iniciativa más impactante para la lucha contra la pandemia fue la inclusión de una epidemióloga que diseñó un sistema de rastreo de tal magnitud, que fue replicado por el gobierno estatal. Fabiola Cruz hizo que las miradas del mundo científico y gubernamental giraran hacia Villalba. El sistema de rastreo diseñado por la epidemióloga fue trascendental para vigilar el comportamiento del virus y establecer estrategias de contención.

De igual forma, el Dr. William Doel Marrero aportó a escribir historia, al efectuar con éxito la primera transfusión de plasma realizada en Puerto Rico. Marrero había sido reconocido por la *American Federation for Medical Research* por su calidad en trabajos de investigación, particularmente en relación con el cáncer.

◄ En su artículo publicado en 2021 en el periódico *Primera Hora*, Bárbara Figueroa señala a Fabiola Cruz como "la científica que ayudó a salvar miles de vidas en Puerto Rico".

El Municipio de Villalba creó una división especial dentro de la Policía Municipal para atender el sistema de rastreo de casos COVID-19. Foto de Jossean Santiago publicada en Villalba Online. Abajo, noticia publicada por *El Nuevo Día* de 19 de mayo de 2020, en la que se notifica la adopción del sistema de rastreo avancino para ser implementado por el Departamento de Salud de Puerto Rico.

Salud implementará modelo creado por Villalba para rastrear casos de COVID-19

El alcalde Luis Javier Hernández Ortiz indicó que el secretario Lorenzo González aceptó los términos de la propuesta

La antigua escuela Walter M^cK Jones, rescatada

Cerrada durante los últimos años de la década anterior, la antigua escuela Walter M^cK Jones se resistió a sucumbir al tiempo, los sismos y el abandono al cual se vio sometida por el gobierno central. Al iniciarse esta nueva década, el municipio de Villalba logró la aprobación de un acuerdo colaborativo, mediante el cual la histórica estructura pasaría nuevamente a manos de los villalbeños.

El primer acto del gobierno municipal fue establecer una alianza estratégica con la Fundación Walter M^cK Jones, para establecer en la antigua escuela su sede y el proyecto del Archivo Histórico de Villalba. Este último es probablemente el proyecto educativo-cultural más importante de nuestra historia colectiva. Allí se custodian, protegen y exhiben los documentos más importantes de nuestra trayectoria como pueblo desde el siglo XIX hasta el presente. También se ha creado en el lugar una biblioteca de autores villalbeños. El propósito de esta biblioteca es aglutinar en un solo lugar los libros escritos y publicados por hombres y mujeres de Villalba.

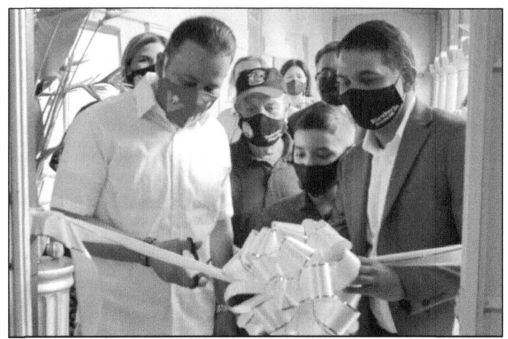

El alcalde Luis Javier Hernández realiza el corte de cinta de la sede y archivo histórico de la Fundación Walter M^cK Jones, en compañía del Dr. Rigoberto Rodríguez Roche, el Prof. Domitilo Negrón, la Prof. Ana Margarita Feliciano, la Lcda. Marena Navarro y la atenta mirada del niño Yanluis Santiago Figueroa, quien soterró una cápsula del tiempo a ser abierta en el año 2040. Foto de Jossean Santiago.

Los deportes en esta nueva década

La tercera década del siglo XXI se inaugura con un nuevo campeonato nacional de la Confederación de la Liga Central de Béisbol Aficionado (COLICEBA). El juego decisivo se llevó a cabo en el estadio Herminio Cintrón, el 14 de febrero de 2020, entre los Ganduleros y los Jardineros de Aibonito[161].

Los Ganduleros se proclamaron campeones por quinta vez en febrero de 2020. Foto compartida en la página oficial de la Confederación de la Liga Central de Béisbol Aficionado.

El equipo estuvo compuesto por Carlos J. Sánchez Santiago, José A. Torres Aponte, Kevin Cardenales, Carlos Alfonso León, Christian Santiago, Jan Arroyo Green, Jorge Guzmán León, Luis N. Díaz Colón, Adner Mercado Torres, Antonio Candelaria Bonilla, Kevin Lucian Zayas, Abner Lizazoain, Rafael Díaz Otero, José Carlos Burgos Oquendo, Carlos A. Dávila Rentas, Luis G. Burgos Rodríguez, Christian Ortiz Pérez, Christopher Rivera Ríos, Víctor R. Maldonado Rodríguez, Gerani A. Colón González, Jonathan García Martínez, Cristhian Torres Rivera, Luis Ramos Muñoz, Edwin Arroyo Mora, Sindey Duprey Conde, Christian A. Negrón Hernández, Miguel Fontánez (Reserva), Carlos Rodríguez (Reserva) y José Ruiz Roche (Reserva).

Ednor González Bocachica se mantuvo como apoderado. El equipo fue

---

[161] El Torneo comenzó en 2019

dirigido por Rogelio Negrón, Jr. y entrenado por Edwin Morales, Roberto Rivera, Oscar Rodríguez y Alexis Negrón. Irwin W. Rosado Green ejerció como anotador, Raúl (Pipo) García como encargado de la propiedad, Manuel Moche como entrenador atlético y Abdiel Moche, Alejandro Torres y Guarionex Morales como mascotas.

Poco después del campeonato de los Ganduleros, llegó la Pandemia del COVID 19. Esto provocó la suspensión de los eventos deportivos. Desde entonces hasta la fecha en que se ordena la impresión de este trabajo, no ha sido posible recuperar a plenitud la actividad deportiva, salvo contadas y momentáneas excepciones. No obstante, Villalba cuenta con promesas extraordinarias que nos llenarán de orgullo en el campo deportivo. En la actualidad, algunos niños y jóvenes villalbeños se destacan como promesas del deporte avancino. Algunos de ellos forman parte de la Escuela Especializada en Deportes del Albergue Olímpico de Puerto Rico. Otros, se levantan en ramas del deporte tales como el baloncesto, el tenis de mesa o el béisbol.

Ya vista la luz al final del túnel, nuestros entrenadores y líderes deportivos y recreativos están listos para retomar la llama del deporte y hacer brillar el nombre de Villalba, como siempre ha sido.

◄ Destacado en la Escuela Especializada en Deportes del Albergue Olímpico en la disciplina de Medio Fondo, Félix Manuel Ocasio Bonilla forma parte de las promesas deportivas de Villalba. Su hermana Gabriela también forma parte de la escuela especializada y de la selección nacional de fútbol femenino de su categoría. Foto publicada en redes.

241

Edison Mora

Edison Mora se convirtió en 2021 en el más reciente beisbolista avancino en ser activado por las ligas de béisbol en los Estados Unidos. De esta forma, el joven pelotero une su nombre al de otras estrellas de nuestro firmamento deportivo que nos han brindado gloria a nivel internacional. Foto MLB.

El arte y la cultura de cara al porvenir

Al igual que ha sucedido con la mayor parte de los ámbitos sociales, las actividades de promoción y desarrollo del arte también se han visto impactadas por la pandemia iniciada en 2020. Una de las contadas excepciones en las que el arte ha brillado en este principio de década lo es la gala anual de la Fundación Walter McK Jones. En esta se presenta un espectáculo artístico con cantantes y músicos villalbeños. También se han presentado exposiciones de obras de arte, principalmente de tres de los principales exponentes de nuestro lar: Domitilo Negrón, Eliel Pérez y Enrique de Jesús.

También se ha dotado a Villalba de una sala permanente de exhibiciones, a convertirse en hogar del arte villalbeño. De igual forma, se realizan esfuerzos desde el comercio y la banca no tradicional para mantener vivas las expresiones artísticas, la cultura y el destaque de nuestros valores sociales.

En cuanto a nuestra cultura musical, el cuatricantor Waldo Torres, Marilyn Cruz y Harold Pratts son los villalbeños más destacados a nivel nacional. Su defensa del patrimonio cultural puertorriqueño a través de la música autóctona nos llena de orgullo como pueblo.

Con el rescate de la antigua escuela Walter M^cK Jones por parte de la administración municipal, se vislumbra un renacimiento cultural con la emblemática estructura como custodia de nuestro arte, nuestra música y nuestro acervo.

Gracias a las iniciativas y trabajo en conjunto de comunidades escolares, entidades e individuos, cada año se reafirma cada vez más la identidad cultural puertorriqueña. Las escuelas realizan actividades dirigidas a la reafirmación de lo que somos.

◄ La cultura villalbeña es exaltada desde la década anterior a través de producciones musicales que procuran perpetuar nuestra identidad. A pesar de que la pandemia detuvo la actividad cultural durante más de un año, se está produciendo durante esta nueva década un resurgir de las iniciativas dejadas en el tintero desde entonces.

Juramentación de Luis Javier Hernández en 2021. Foto de Julio Olivari, publicada en VillalbaOnline.

El alcalde Luis Javier Hernández supervisa las labores de construcción del nuevo centro de transporte colectivo. Foto publicada en redes sociales por Noticias de Villalba.

244

Representaciones gráficas del nuevo complejo deporti-vo, actualmente en construcción.

Representación gráfica del nuevo paseo tablado, actualmente en construcción.

245

Representación gráfica del nuevo Centro de Operaciones Municipales, que albergará las dependencias de la Policía Municipal y Manejo de Emergencias.

Estadio de Pequeñas Ligas Johnny Maldonado Criado, inaugurado en 2020

Representación gráfica del nuevo parque urbano de las parcelas Hatillo (actualmente en construcción)

Representación gráfica de la nueva plaza y monumento de recordación del veterano villalbeño

El alcalde Luis Javier Hernández reunido con la gobernadora Wanda Vázquez Garced (Foto publicada por Vázquez Garced en redes sociales)

El alcalde de Villalba, Luis Javier Hernández, junto al gobernador Pedro Pierluisi, participa del anuncio sobre la oficialización de uso de la central hidroeléctrica Toro Negro por parte del Consorcio Energético de la Montaña. Una vez más se escribe historia, esta vez gracias a la iniciativa avancina de dotar a los pueblos de la montaña de un sistema eléctrico resiliente y que responda a la realidad del siglo XXI.

248

Las clases graduadas

Al iniciarse la tercera década del siglo XXI, las clases graduadas de la escuela Lysander Borrero Terry estuvieron presididas por Jarielys López (2021) y por Eliam Correa (2021). Las clases graduadas de la Escuela Superior Vocacional Cristina Amada Martínez estuvieron presididas por Wilmer Reyes Cruz (2020) y Gabriela Lugo Santiago (2021).

El camino hacia el futuro

Hoy Villalba se encamina al porvenir. Lo hacemos con la confianza de saber que habrá de ser un futuro digno de lo que hemos sido y logrado como pueblo.

Más de un siglo ha pasado desde que nos convertimos en municipio, gracias a la tenacidad de Walter M^cK Jones y José Víctor Figueroa. Mucho más de un siglo desde que la visión de José Ramón Figueroa transformara un barrio en aldea. Siglos desde que las orillas del río Jacaguas acogieron a los primeros pobladores europeos, por cuyo linaje llevamos nuestro nombre. Muchos siglos más desde que nuestros taínos habitaban este pedazo de Patria, dejando sus huellas para la posteridad.

Y ahora, el siglo XXI se presenta lleno de retos y oportunidades. Retos a ser vencidos, como hemos vencido todos los anteriores. Oportunidades a ser aprovechadas, como todas las que se han presentado en nuestro paso por la historia, haciéndonos llegar hasta aquí. Logramos convertir las peores pesadillas en oportunidades de crecimiento.

El Consorcio Energético de la Montaña, el más ambicioso proyecto de generación de energía renovable de este siglo, nació como una iniciativa avancina ante la experiencia del huracán María. Con una asignación millonaria por pate del Estado y el uso oficial de la central hidroeléctrica Toro Negro como centro de operaciones, la experiencia del proyecto nacido en Villalba merece ser escrita con letras de oro.

También como producto del tesón, Villalba se convirtió en faro ante la terrible pandemia que nos azotó desde principios del año 2020. No tan solo diseñamos los protocolos y estrategias que le permitieron al país defenderse ante la situación, sino que también fuimos pioneros en el proceso de vacunación e inmunización colectiva (también conocida como inmunidad de rebaño), convirtiéndonos en el primer municipio en alcanzar esta meta.

Hoy, se construyen múltiples proyectos de infraestructura, con asignaciones ascendentes a más de 32 millones de dólares, producto de los fondos de reconstrucción gestionados por la administración municipal desde 2017.

Nuevas generaciones se levantan y participan de la vida social y colectiva. Un prometedor grupo de niños y jóvenes se destacan en el ámbito deportivo y surgen como promesas de futuras preseas. También se levantan líderes en el ámbito cooperativista y comercial, los asuntos públicos y comunitarios.

Sobre todo, se levanta la promesa de un futuro brillante. Somos villalbeños. Somos avancinos. Somos de los que no esperan el futuro con incertidumbre, sino de los que lo construyen. El lucero del alba nos ha iluminado y lo habrá de seguir haciendo, como lo hizo desde el primer día.

Plaza pública José Ramón Figueroa, Villalba Puerto Rico

Los retos que se presentan en esta etapa de nuestra historia son muchos y complejos. Requieren de visión y un profundo amor por Villalba para enfrentarlos y superarlos. Estamos encaminados y el porvenir se presenta con esperanza. Falta mucho para culminar esta década que recién comienza. Tenemos la confianza puesta en que, como siempre, sabremos salir adelante, escribiendo nuestra propia historia.

A modo de conclusión

Concluida la lectura, es momento de hacer balance de este trabajo. Sencillo como es, ha pretendido ser eficaz en la lectura, profundo en el contenido y fiel a la realidad histórica. Es nuestra historia, contada de forma clara y directa; un resumen de lo que hemos sido, de lo que somos y de lo que podemos llegar a ser.

Con respecto a nuestro pasado remoto, nos adentramos en un proceso de revisión que dio como resultado el redescubrimiento de nosotros mismos. Exploramos las fuentes primarias necesarias para asegurarnos de que lo que habríamos de contar fuera fiable, aun cuando confligiera con otros relatos. Esa es quizás la más extraordinaria virtud de la investigación académica sobre sucesos históricos: se hace saber que la historia no es letra muerta, sino constantemente dinámica.

Examinamos también nuestro pasado inmediato. Lo hicimos de forma honesta, sin juicios ni prejuicios. De igual forma sucedió con el presente y el futuro inmediato. El presente se convierte en historia de forma casi inmediata según transcurren los segundos. El futuro depende casi absolutamente de él. Por ello, solo el tiempo podrá juzgar las previsiones resultantes de este trabajo.

Estamos conscientes de que la estructura de este trabajo pudiera dejar al lector en ánimo de obtener mayor conocimiento. De conocer las circunstancias históricas en detalle y añadir nombres propios a la narrativa. En efecto, quedan nombres por mencionar y detalles que compartir. De ser así, de haber desarrollado en el lector el deseo de continuar leyendo una vez llegado a este punto, entonces nos sentimos satisfechos del trabajo realizado.

Ciertamente, quedan cosas por contar. A ello nos comprometemos. Seguir profundizando y descubriendo nuestra historia nos entusiasma. Pero más allá de eso, nos apasiona creer que seguiremos escribiendo nuevas páginas, creando, luchando para legar a las futuras generaciones un mejor Villalba y un mejor Puerto Rico. Es lo que hemos hecho siempre los avancinos. Esta narración, cuya lectura ahora culminas, es el mejor testimonio de ello.

ANEJOS

BREVE CRONOLOGÍA DE LA FUNDACIÓN DE LA MUNICIPALIDAD DE VILLALBA

SIGLOS IV
AL XVI   Poblamiento indígena de la zona y establecimiento de comunidades taínas en la zona donde actualmente se encuentra Villalba.

1514   El río Jacaguas es designado como la frontera sur entre los partidos de San Juan y San Germán

1579   Se establece el río Jacaguas como el límite territorial al este del pueblo de Coamo.

1582   Según la Memoria de Melgarejo, para esta fecha había una vecindad de españoles en la ribera del río Jacaguas.

1692   Fundación del pueblo de Ponce, al oeste del río Jacaguas. Dentro de su jurisdicción se encontraba el Hato de Villalba.

1813   El Obispo Juan Alejo de Arizmendi recomienda honrar la petición del barrio de Villalba para segregarse de Ponce y anexarse a Juana Díaz

1823   El 10 de marzo se lleva a cabo el acto oficial de segregación y Villalba pasa a la jurisdicción de Juana Díaz.

1873-1893   José Ramón Figueroa construye una residencia en lo que actualmente es el casco urbano de Villalba. Instala el primer sistema de alumbrado eléctrico de Puerto Rico, así como todos los adelantos tecnológicos de la época. Facilita los terrenos y facilidades necesarias para convertir el barrio en aldea.

1894   Se obtiene el permiso del gobierno para constituir la aldea de Villalba

1895   Se obtiene el permiso para establecer la nueva parroquia.

1906-1910   Walter M^{c}K Jones se establece en Puerto Rico e incursiona en la industria del café, el azúcar, los frutos menores y otros negocios.

1910   M^{c}K Jones es electo al Consejo Municipal de Juana Díaz

1914   José Víctor Figueroa Reyes es electo a la Cámara de Delegados.

1917   El 23 de marzo José Víctor Figuera Reyes radica el proyecto de ley 71, que se convierte en la Ley 42, disponiendo la creación de la municipalidad de Villalba. El gobernador Yager nombra a Teodoro Alonso, Eladio Burgos y Felipe Colón al Consejo Municipal. Walter M^{c}K Jones es designado alcalde. La vida municipal de Villalba comienza oficialmente el 1 de julio de 1917.

ALCALDES DE VILLALBA (1917 A LA ACTUALIDAD)[162]

1917-1919	Walter M^cK Jones
1919-1924	Consejo de Administración
1924	Florencio Figueroa
1924-1925	Diego Ismael Rivera
1925	Julio Olivieri
1926	Bernardo Negrón Rodríguez
1926-1928	Luis Zayas Pérez
1929-1932	Guillermo Quesada Mandri
1933-1936	Ramón Víctor Colón
1937-1940	Manuel A. Negrón
1941-1946	Luis Zayas Pérez
1946-1956	Efraín Suárez Negrón
1957-1968	Félix Luis Hernández
1969-1972	Ramón Negrón Rivera
1973-1976	Adrián Rosado Guzmán
1977-1982	Wilfredo Negrón Martínez
1983-2000	Bernardo Negrón Montalvo
2011-2002	Orlando Torres González
2004-2012	Waldemar Rivera Torres
2013-	Luis Javier Hernández Ortiz

---

[162] Listado de alcaldes en propiedad; no incluye interinatos

Escudo de Villalba

Descripción Heráldica

El campo de sinople, en puente, una villa puertorriqueña del siglo XIX; seis casas y una iglesia, de plata adjuradas de gules: la iglesia cargada de un escusón con las armas de la orden del Carmelo, y en jefe a la diestra, un lucero de plata, bordado de oro con las cinco hojas de higüera al natural. Al tiente, corona de mural de oro, tres torres mamposteadas de sable y adjurada de sinople. El escudo de Villalba fue diseñado por Enrique de Jesús Torres, pintor villalbeño, en 1978.

257

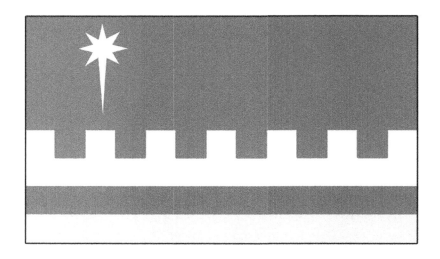

Bandera de Villalba

La bandera de Villalba deriba su diseño y color del diseño y esmaltes del escudo municipal, con la diferencia de que ella los metales oros y plata se sustituyen por los colores amarillo y blanco, respectivamente, se organiza de cuatro franjas horizontales desiguales en anchura, que de arriba abajo guardan el siguiente orden: (1) verde, (2) blancas (almenada), (3) verdes y (4) amarilla; según las proporciones que figuran en el dibujo que acompaña este informe, en el lado intermedio el asta de la bandera en la franja superior figura en color blanco, el mismo lucero del escudo. La bandera de Villalba fue diseñada por Enrique de Jesús Torres, artista villalbeño, en 1978.

HIMNO DE VILLALBA

Pablo Collazo
Autor

A las orillas del río Jacaguas
yace mi pueblo bello y gentil.
Por sus encantos y bellas aguas
es de la isla grato pensil.

Tiene mi pueblo muy pocas calles,
muchas colinas de gran verdor;
la dulce caña crece en sus valles,
plátanos, chinas de lo mejor.

Y si la suerte me manda lejos
de los reflejos de mi ideal,
sepa mi pueblo idolatrado
que será amado por siempre igual.

Aunque pequeño, yo no lo olvido
y a otros lugares voy a pasear,
sitio tan bello y tan querido
un villalbeño no olvidará.

San Pedrito
(*Todus Mexicanus*)
Ave símbolo de Villalba

Flor del árbol de bala de cañón
(*Couroupita guianensis*)
Flor símbolo de Villalba

Árbol de ceiba
(*Ceiba pentranda*)
Árbol símbolo de Villalba

Bibliografía y fuentes consultadas

Alameda, J. & Rivera C. (2005). *La vivienda de interés social en Puerto Rico*. Departamento de la Vivienda.

Alegría, R. (1984). *Historia de nuestros indios*. Colección de estudios puertorriqueños. San Juan.

Armstrong, W. (1910). *Manuscritos de William H. Armstrong, vol. 1*. Biblioteca Digital Puertorriqueña. Universidad de Puerto Rico.

Autoridad de Energía Eléctrica (2020). *Pinceladas de nuestra historia*. Disponible en www.aeepr.com

Autoridad de Energía Eléctrica (1992). *Génesis y desarrollo de los sistemas hidroeléctricos en Puerto Rico*. Oficina de Comunicaciones.

Cuerpo del Estado Mayor del Ejército. Comisión Topográfica del Ejército (1884). *Croquis y datos estadísticos del pueblo de Juana Díaz*. Capitanía General. Disponible en el Archivo Digital Nacional de Puerto Rico.

Cuerpo del Estado Mayor del Ejército. Comisión Topográfica del Ejército (1887-88). *Itinerario de Utuado a Juana Díaz por Caonilla y por Paso de Palma*. Capitanía General. Disponible en el Archivo Digital Nacional de Puerto Rico.

Cuerpo del Estado Mayor del Ejército. Comisión Topográfica del Ejército (1886). *Itinerario de Barros a Juana Díaz*. Capitanía General. Disponible en el Archivo Digital Nacional de Puerto Rico.

Del Olmo, L. (2018). *La cultura taína*. Disponible en icp.pr.gov.

De la Cruz, J. (1986). *Villalba: notas para su historia*.

Departamento de Estado de Puerto Rico. (2021). Registro de Corporaciones y Entidades.

Dubelaar, H. (s.f.). *Resent Rock Art Research in the Caribbean Islands, a Survey*.

Federal Register (1964); Vol. 29, Núm. 215

Gaceta de Puerto Rico, 18 de diciembre de 1894.

Gaceta de Puerto Rico, 23 de noviembre de 1895.

García, G., Grijalva, M., Zavala, S., Boyd-Bowman, P., Durand, J., Assadourian, C., . . . Mauro, R. (1992). *Economía y trabajo en el Puerto Rico del siglo XIX*. En La formación de América Latina: La época colonial (pp. 227-250).

Hernández Mayoral, J. A. (2020). *Los viejos cines de Puerto Rico*. Fundación Rafael Hernández Colón.

Informe Anual del Gobernador de Puerto Rico. Años fiscales (1927, 1928, 1929, 1930).

Kneipple Van Deusen, E. (1929). *The Hurricane*. Bureau of Supplies, Printing and Transportation

La Correspondencia de Puerto Rico. 5 de mayo de 1894.

La Correspondencia de Puerto Rico. 6 de diciembre de 1894.

La Correspondencia de Puerto Rico. 6 de septiembre de 1895.

La Correspondencia de Puerto Rico. 27 de noviembre de 1895.

La Correspondencia de Puerto Rico. 12 de septiembre de 1906.

La Democracia. 24 de noviembre de 1894.

La Democracia, 8 de diciembre de 1894.

La Democracia, 11 de noviembre de 1896.

La Democracia. 24 de noviembre de 1894.

La PRRA según la prensa puertorriqueña, Tomo I (1935).

Latimer, E. (1981). *José Ramón Figueroa y la Fundación de Villalba: apuntes históricos.*

López, D. (2007). *Historia de Villalba*. Municipio de Villalba.

Marvel, T. & Moreno, M. (1994). *La arquitectura de templos parroquiales de Puerto Rico*. Editorial de la Universidad de Puerto Rico

Melgarejo, J. (1582). *Memoria y descripción de la Isla de Puerto Rico*.

Muñoz-Marín, L. (1980). *Memorias*. Fundación Luis Muñoz Marín

Muñoz-Pando, R. (s.f.). *Cultura visual taína*. Disponible en academia.edu.

Negociado del Censo de los Estados Unidos (1800-2020).

Neumann, E. (1987). *Verdadera y auténtica historia de la Ciudad de Ponce*. Edición Conmemorativa. Instituto de Cultura Puertorriqueña.

Pérez, E. (2006). *Cooperativismo en Puerto Rico: análisis de las cooperativas de trabajo asociado sector industrial (Disertación)*. Universidad Complutense de Madrid.

Pérez, C. (2019). Biografía de Raúl Marrero. Publicada en http://www.salsaconsabor.com

Pérez, F. (2019). Villalba: Historia social y económica en tiempos de crisis, 1930-1940.

Rodríguez, P. (2000). *Garra y coraje, ¡Qué serie, señores!*. En periódico El Norte; 27 de enero a 2 de febrero de 2000.

Rodríguez Roche, R. (2016). *Administración Municipal en Puerto Rico (Pasado, Presente, Futuro)*. Edición del autor.

Rodríguez-Roche, R. (2019). *Redescubriendo a Walter M^{c}K Jones (el jíbaro americano)*. Fundación Walter M^{c}K Jones.

Rodríguez Roche, R. (2020). *100 años de historia política villalbeña*. Edición del autor.

Rosario-Natal, C. (1996). *A las orillas del rio Jacaguas*. Municipio de Villalba

Rosario-Natal, C. (2000). *La gente de Villalba en la historia*. Municipio de Villalba.

Sepúlveda-Rivera, A. (2004). *Puerto Rico Urbano, Atlas Histórico de la Ciudad Puertorriqueña, Vol. 3*. Centro de Investigaciones CARIMAR.

Sued Badillo, J. (2011). *Las taínas en la resistencia, en 5to centenario de la rebelión taína*. Instituto de Cultura Puertorriqueña.

Úbeda y Delgado, M. (1878). *Isla de Puerto Rico. Estudio histórico, geográfico y estadístico de la misma*. Edición de la Academia Puertorriqueña de la Historia (1998)

Villalba, centro floreciente y ejemplar del cooperativismo (1964). Documento sin autor. Archivo Histórico de Villalba.

Otras fuentes consultadas

Las nuevas tecnologías de la información han permitido acceso a información que, de otra manera, no hubiese podido ser compartida en este trabajo. Fuentes como el periódico en línea Villalba Online, del Prof. Jossean Santiago, resultaron de incalculable valor en la recopilación de información.

De igual manera, las redes sociales se convirtieron en fuente de información, sobre todo para la obtención de material gráfico.

Reconocemos el mecanismo de entrevistas como herramienta valiosa para la corroboración de data. Vaya nuestro agradecimiento a todas las personas que, sin ánimo de reconocimiento, ofrecieron su tiempo y memoria para validar la información recopilada.

Por último, resultaron de incalculable valor los documentos custodiados por los siguientes archivos: Archivo Nacional de Puerto Rico, Archivo de la Legislatura Municipal de Villalba y Archivo Histórico de la Fundación Walter McK Jones.

Con respecto al autor

Rigoberto Rodríguez Roche es Doctor en Filosofía, con una especialidad en Psicología Industrial Organizacional. Posee además una Maestría en Política Pública y un Bachillerato en Gobierno Municipal. Es acreedor de una Certificación en Administración de Recursos Humanos y también en Administración Pública Municipal Española. Se ha desempeñado en el servicio público desde hace más de dos décadas.

Se ha desempeñado como Administrador de la Oficina del Centro de Recaudaciones Municipales del Municipio Autónomo de Ponce, Asesor del Presidente de la Cámara de Representantes, Director Ejecutivo en el Senado de Puerto Rico y Consultor en Asunto Públicos y Organizacionales. Ha laborado también para los Departamentos de Recreación y Deportes y de Salud del Gobierno de Puerto Rico.

Ha cursado estudios en la Pontificia Universidad Católica de Puerto Rico, la Universidad del Este (hoy Universidad Ana G. Méndez), la Universidad de Puerto Rico, el C&E Institute (Washington, DC) y la Fundación Ortega-Marañón (Toledo, España).

Además del presente trabajo, es autor de *Administración Municipal en Puerto Rico (Pasado, Presente, Futuro)*, *100 años de historia política villalbeña*, *El profesional de la conducta en su rol como Policy Maker* y *Redescubriendo a Walter M^cK Jones, el jíbaro americano*.

En 2018 incorpora la Fundación Walter M^cK Jones, organización comunitaria sin fines de lucro, cuya dirección ejecutiva ejerce como Presidente de la Junta de Directores.

Este libro fue producido por la
FUNDACIÓN WALTER M^{C}K JONES, INC.
por encomienda del
MUNICIPIO AUTONÓMO DE VILLALBA

Junio de 2021